Gert

Peter Marti (Hrsg.)

Beryosa – Die Birke

Weshalb ausgerechnet Sibirien?

Herstellung und Verlag
Informationslücke-Verlag
Basel-Stadt/ Schweiz

Informationslücke-Verlag, Basel-Stadt/Schweiz
ISBN-13: 978-3-9523461-3-6

Peter Marti (Hrsg.)

Beryosa – Die Birke
Weshalb ausgerechnet Sibirien?

Informationslücke-Verlag
Basel/Schweiz
www.informationsluecke-verlag.com
ISBN-13: 978-3-9523461-3-6

Umschlagabbildung und Fotos: Peter Marti

Umschlaggestaltung: Ullines Coverdesign, D-48485 Neuenkirchen
www.coverdesign.ulline.de

Bibliographische Information der Schweizerischen Nationalbibliothek (NB)
Die Nationalbibliothek verzeichnet diese Publikation in der Schweizerischen Nationalbibliographie; detaillierte Angaben sind bei der NB erhältlich.

Inhaltsverzeichnis

Über die Stadt Irkutsk in Sibirien.

Mehr als 330 Jahre liegt die Stadt Irkutsk unweit des Baikalsees, und bis heute hören die Leute, die in Irkutsk wohnen, nicht auf, die günstige Lage der Siedlung zu bewundern. Die Stadt ist durch die Angara in zwei Abschnitte geteilt. Die Angara ist der einzige Fluss, der dem Baikalsee entspringt, in welchen mehr als 300 große, kleine und kleinere Gebirgsflüsse münden.

Nicht fern vom Baikalsee, die Angara stromabwärts, hatte ein Kosakentrupp unter der Führung von Jakow Pochabow im Jahre 1661 eine Holzfestung – Irkutsker Ostrog – gegründet. Das war zu jener Zeit, als die Russen in die Weiten Sibiriens vordrangen. Die Menschen kamen auf der Suche nach legendären Reichtümern in diese Gegenden. Gegen Ende des 17 Jahrhunderts zählte Irkutsk etwa 1000 Einwohner – Kosaken, Kaufsleute, Bauern, Soldaten, Amtschreiber und die Menschen, die für immer nach Sibirien verbannt wurden.

In den letzten drei Jahrhunderten erlebte die Stadt Aufstände, Revolutionen, Erdbeben und Feuer, was allmählich das Gesicht der Stadt veränderte. Aber bisher behielt Irkutsk seine Eigentümlichkeit. Die schneeweiße Erlöser-Kirche und die Kathedrale zu Christi Erscheinen sowie mannigfaltige hölzerne Häuser blieben erhalten, und sie wurden zu historischen Denkmälern.

Schon in der Zeit der Sowjetmacht war Irkutsk ein bedeutendes Verwaltungszentrum, die Hauptstadt eines Gouvernements, eine Stadt des Aluminiums, der Holzverarbeitenden und chemischen Industrie. Die Gefängnisse für die Revolutionäre und Verbrecher verwandelten sich in stalinistische „Zonen“ für „unzuverlässige Andersdenkende“ und "Volksverräter".

Der Irkutsker Schriftsteller Valentin Rasputin schreibt über seine Stadt Irkutsk folgendes: „So steht heute Irkutsk, gereift durch die Geschichte und das Leben, besonnen und weise, es ist sich seines Wertes bewusst, ist berühmt für seine alten und neuen Errungenschaften, ist bescheiden, seit Alters gebildet und gastfreundlich ...“

Kasanskij-Kirche in Irkutsk.

Nach den Schreckensjahren der kommunistischen Herrschaft wieder in Betrieb.

Weshalb ausgerechnet Sibirien?

Ein lang gehegter Wunsch sollte im April 1992 in Erfüllung gehen. (Peter Marti)

Ich begleite die heilpädagogische Schule Talisman und die sozialtherapeutische Dorfgemeinschaft Istok in, bzw. bei Irkutsk seit vielen Jahren. Mit dem folgenden Bericht möchte ich einen persönlichen Einblick in die Entstehung dieser Zusammenarbeit zwischen Ost und West und in die Entwicklung der Arbeit im fernen Sibirien geben.

Nie hätte ich mir ein Engagement in Sibirien und schon gar nicht bei Talisman erträumt. Wie die Leserin und der Leser mehr und mehr erfahren werden, blieb es damals nicht bei der Reise mit der Transsibirischen Eisenbahn, bei Besichtigungen in und um Irkutsk und dem üblichen Ausflug an den Baikalsee. Mein Freund wollte mich unbedingt an den Besprechungen mit den Talisman-Leuten, es waren vor allem Mütter, mit dabei haben. Er verstand es bestens, mich in dieses Gremium einzuführen. Und nicht nur das! Er hatte auch das besondere Flair, mich für ein Mitwirken zu begeistern.

(Bild: Waggon der Transsibirischen Eisenbahn.)

Sicher waren es auch die Menschen und das gegensätzliche, immense, geheimnisvolle Land, welche mich faszinierten und neugierig machten. Damit ist auch schon andeutungsweise die im Titel des Buches gestellte Frage beantwortet.

Welche meiner Lebenserfahrungen waren unter anderen wertvoll für die Arbeit in Sibirien? Auf der einen Seite ca. dreißig Jahre Berufserfahrungen, die eher materiell ausgerichtet waren, rational, leistungsbezogen, ziel- und systemorientiert. Ziele galten nur als solche, wenn sie messbar waren. Mehr und mehr wurde auch das Miteinander und das Einbeziehen der Mitarbeiter als wichtig erkannt. In den letzten Jahren meiner beruflichen Tätigkeit wurde ich oft als Troubleshooter in irgendeinen Landesteil beordert. Solche anspruchsvollen und immer mit Überraschungen gespickten Einsätze lagen mir besonders, und ich liebte diese Aufgaben. – Auf der anderen Seite lernte ich die Anthroposophie kennen. Unsere Kinder besuchten die Rudolf-Steiner-Schule in Biel. Als ich zu Talisman stieß, war das bereits zwanzig Jahre her.

Wie alles begonnen hat in Irkutsk – Sibirien.

(Franziska Heitz)

Es gab keinen Anschluss an die Bahn nach Sibirien, in Moskau musste ich übernachten. Auch eine Unterbrechung im Ural war nicht gestattet, in Jekaterinburg musste ein neues Ticket bis Irkutsk erstanden werden. So dauerte meine erste Etappe in der Transsibirischen Eisenbahn nur gerade 32 Stunden. Man hatte mir einen Platz in einem Touristenwagen gegeben, der bis Wladiwostok fuhr. Die Unterbrechung war nötig, weil ich sozusagen für die kleine Schule in Jekaterinburg als Privatpostbotin tätig war. Da wurde ich sehr bedrängt zu bleiben, weil tausend Schulfragen noch unbeantwortet geblieben waren. Ich konnte die geplante Abreise aber durchsetzen, eine Fahrkarte wurde mir gekauft und die Schulleiter brachten mich zur Bahn. Die spottbillige Fahrkarte aber war für russische Bürger ausgestellt, sodass ich vermeiden musste, den Pass zu zeigen. Mischa löste das Problem so: er zeigte der Zugbegleiterin das Ticket und antwortete auf die Frage nach meinem Pass „jest", was heisst sie hat einen. Damit war ich für die folgenden drei Nächte und Tage im Zug. Jetzt erst wurde es sibirisch: im Fenster war ein Loch und die Außentemperatur betrug etwa -8°C, es war Ende September 1993. Die erste Nacht habe ich mich mit der Matratze zugedeckt und so überlebt. Am Morgen habe ich all meinen Mut zusammengenommen und einen warmen Wagen gesucht. Den gab es. Ich habe die ältere Zugbegleiterin überredet, mir einen freien Platz zu geben. Diese Überlebensstrategie gelang und ich konnte am Ende der Fahrt das alte Irkutsk und seine aktiven, sehr eigenständigen Menschen kennen lernen.

Brigitte Müller, die zuvor als Gartenbau- und Klassenlehrerin in der Rudolf Steiner Schule im aargauischen Schafisheim/CH tätig gewesen war, hatte mich nach Irkutsk eingeladen, um seminaristisch zu arbeiten. Sie selber war nach Sibirien gekommen, um Russisch zu lernen und in der Landwirtschaft eine Tätigkeit zu suchen. Einige Irkutsker aber hatten erste Kunde von der Waldorfschule und überzeugten Brigitte, ihnen zu einer solchen Schule zu verhelfen. Den ersten Waldorf-Kontakt hatten sie an einem vom Geiger Mia Pogacnik impulsierten Idriart-Festival in Tallin erhalten. Am zweiten Idriart-Festival - diesmal in Irkutsk - wurde entschieden, eine Kulturkaravane nach Sibirien zu starten, die dann im Juli 1992 durchgeführt wurde. Im Mai davor war Brigitte Müller bereits in Irkutsk, hatte da den Heilpädagogen Hans-Göran Hardt und die Kindergärtnerin Anneli Greffe – beide aus Finnland – vorgefunden. Diese beiden Persönlichkeiten hatten zusammen mit Tatjana Kokina, der Lehrerin und Mutter eines behinderten Kindes, die erste heilpädagogische Schule „Talisman" gegründet. Einen

Waldorfkindergarten hatten Eltern wohl mit Anneli ins Leben gerufen, er wurde betreut von Eva Mangold, einer Waldorfkindergärtnerin aus Deutschland.

Das Interesse, sich in die neu entdeckte Pädagogik einzuarbeiten, war riesig: Außer Lehrpersonen und Studenten schlossen sich jetzt auch junge Eltern dem Kreis an. Ich hatte den Eindruck, als ob ein unbeschreiblicher Hunger nach Kunst, Menschenkunde und Pädagogik da war, der gestillt sein wollte. Das war auch für uns, die unterrichtenden Gäste, begeisternd.

Es galt ja jetzt Lehrerinnen und Lehrer für eine Waldorfschule vorzubereiten. Gleichzeitig mit mir war auch Erika Müller (Überlingen, Bodensee) angereist. Sie hatte bereits mehrmals Eurythmie in Armenien unterrichtet und war also gut gerüstet für die Herausforderung in Sibirien.

Erika, Brigitte und ich beschlossen, den Michaelitag zum Anlass zu nehmen, erstmals eine kleine Feier mit Eurythmie zu einem Spruch, der für den Anlass geeignet war, zu veranstalten. Damit die geladenen potenziellen Seminaristen etwas vorbereitet waren auf das, was sie erwartete, wurde beschlossen, mich - außer mit dem Sprechen zur Eurythmie - auch mit der Einleitung und Ansprache auf Russisch zu betrauen. Das große Interesse der Anwesenden ermöglichte, dass die ungewöhnliche Veranstaltung mit großem Ernst und in sehr wohlwollender Stimmung aufgenommen wurde. Eine ganz besondere Seminareröffnung war das an diesem 29. September 1993!

Jetzt wurde jeden Abend gearbeitet: Erst Eurythmie mit Erika, dann am Menschenbild, anhand der Schrift von Rudolf Steiner „Die Erziehung des Kindes ...“ mit Brigitte, Erika und mir. Danach gab es eine Doppelstunde Handarbeit für alle, von mir geleitet. „Alle“ das waren die im Talisman Tätigen, die Kindergärtnerinnen, die angehenden Pädagogen und andere ausbildungswillige Menschen. Diese Offenheit, dass wirklich alle Interessierten aufgenommen wurden, war vor allem Anneli Greffe zu verdanken, die sich dafür einsetzte, Kräfte sparend zu arbeiten und nicht für die Heilpädagogik und den Kindergarten gesonderte Kurse einzurichten.

Das kleine Seminarlehrer-Team musste viel lernen: Wir hatten fast täglich Russischunterricht bei Natasha und Igor Livant, daran beteiligte sich auch Eva, die Kindergärtnerin. Dann mussten wir lernen, größte Fantasie zu entwickeln, wie man aus fast Nichts fast Alles machen konnte. Eine große Herausforderung war für uns Mitteleuropäerinnen die asiatische Auffassung der Pünktlichkeit: Es gab etliche Verspätungen, immer begleitet von einem Tuscheln, wenn den Spätkommenden alles nochmals in Kurzfassung berichtet wurde. Was die Schweizer „Disziplinlosigkeit“ nennen, ist für Sibirier eine hinzunehmende Tatsache. Wenn wir in der Schweiz sagen: „Der Unterricht beginnt jetzt“, so bedeutet das auf Russisch übersetzt: „Er beginnt in dieser Stunde“. Soviel Spielraum ist also im russischen Sprachraum gegeben und das will gelernt sein.

Mein Handwerksthema war Wollverarbeitung: Wolle waschen, kardieren, spinnen mit Spinnstock, färben mit Pflanzen und zu kleinen Strick-, Web- und Filzgegenständen verarbeiten. Das klingt so klar und problemlos. Ich erinnere mich aber an stumpfe Messer und Scheren, an harte Wolle von Tundraschafen. Aber ebenso an die Begeisterung darüber, was alles nach harter Arbeit aus dem veredelten Material entstehen konnte.

Sechs Jahre später bin ich zur Fortsetzung der Handarbeitsausbildung wiedergekommen und durfte erleben, dass viele der ehemaligen Pioniere eine Schule mit einer wunderbaren Ausstrahlung geschaffen hatten. In meinen Kurs waren viele Teilnehmerinnen von damals gekommen und viele Neue. Und siehe da: Die erarbeiteten Grundlagen waren nicht nur noch vorhanden, sie waren erübt und sogar an andere weitergegeben worden. Das habe ich nur in Sibirien erlebt!

Handarbeit, neunte Klasse in der heilpädagogischen Schule Talisman.

Erste Fragen und Erfahrungen.

(Peter Marti)

Im April 1992 nahm die Sibirien-Odyssee wie erwähnt ihren Anfang. Etwas ganz Neues und Spannendes kam zum Bisherigen hinzu. Zum Beispiel die Eigenheiten Russlands mit seinen Menschen, welche durch die Vergangenheit und das extreme Klima anders geprägt sind als wir. Was uns wichtig und bedeutend erscheint, hat für sie vielfach einen ganz anderen Stellenwert. Auch die Heilpädagogik und später die Sozialtherapie waren zum bisherigen Berufsleben eine komplett neue Herausforderung für mich.

Wie sollte ich in diese neue Aufgabe einsteigen? Diese Frage schien mir sehr wichtig. Wie gebe ich mich als Schweizer im Land der großen Gegensätze? Wie komme ich an die Menschen heran? Wie soll ich mich verhalten, damit ich akzeptiert werde? Geld war und ist ja bei der Unterstützung auch im Spiel. Druck ausüben durch finanzielle Mittel? Ihr müsst ...!? Fordern ja, aber nur wenn es angebracht ist und der Sache dienen kann.

(Bild: Julia Schestakowa mit Dascha beim Plastizieren. Heilpädagogische Schule Talisman.)

Bis 1996 war das Mitwirken in Russland – zu Hause noch im Berufsleben stehend – relativ einfach. Nur kurz war ich jeweils während der Ferien bei den Leuten in Sibirien. Wir saßen zusammen am Tisch bei Tee und Gebäck und tauschten Gedanken aus. Alles geschah in angenehmer und entspannter Atmosphäre.

Anfangs Oktober 1996 – gleich nach der Pensionierung – flog ich für drei Monate nach Irkutsk. Damals noch mit einer Zwischenlandung in Omsk am Irtisch. Heute kann man z.B. vom Flughafen Domodedovo in Moskau ohne Zwischenhalt nach Irkutsk fliegen

Kaum angekommen, wollte ich den Leuten zeigen, dass ich auch mit Schaufel und Pickel Hand anlegen kann. Das war im Schulgarten. Harter körperlicher Einsatz, und wie! Ich bekam Rückenprobleme. Wollte meine Schmerzen um jeden Preis verbergen. Arnika-Massageöl leistete mir sehr gute Dienste dabei. Bald kam der Winter – der sibirische! Der Boden gefror – zum Glück für meinen lädierten Rücken. Eine neue Aufgabe kam hinzu: Arbeiten in der warmen Holzwerkstatt mit behinderten Kindern.

Aljoscha in der Werkstatt
der heilpädagogischen Schule Talisman.

Ost und West finden sich.

(Peter Marti)

Mit dem ersten praktischen Einsatz kam auch die Einsicht. Die kleine Schule war chaotisch, unstet, unordentlich, das Rhythmische fehlte. Die Schule wurde in den vorhergehenden Jahren mehrmals erschüttert und stand knapp vor dem Aus. Die Leute, vor allem Frauen, gaben ihr Bestes, jedoch waren sie für die neue Aufgabe im schwierigen Umfeld Russlands überfordert. Ein Westler kam von außen, wenig behaftet mit den Alltagsproblemen. Er kam aus einem Land, wo alles bestens organisiert und strukturiert ist, wo sogenannte „Ordnung" herrscht. Wie oben beschrieben, hatte er Berufserfahrung im Analysieren, im systemorientierten Denken, im Gliedern, im Organisieren, im Strukturieren. Nicht mehr ganz so jung, kam der Westler zu diesem für die Schule sehr kritischen Zeitpunkt nach Irkutsk. Vielleicht besaß er aber doch die nötige Beweglichkeit für eine derartige Aufgabe. War er beharrlich, besaß er genug Durchsetzungsvermögen? War er bereit, Neues zu lernen?

(Bild: Osterstimmung in der heilpädagogischen Schule Talisman.)

Einfühlungsvermögen müsste in einem Anforderungsprofil hoch genug eingestuft werden. Besaß er in schwierigen Situationen die nötige Geduld?

Ob ich alle diese Tugenden mitbrachte, müssten die Leute vor Ort beurteilen. Gefühlsmäßig glaube ich sagen zu dürfen, dass wir gemeinsam das Gleichgewicht zwischen den Extremen recht gut gefunden haben.

Die zwischenmenschlichen Voraussetzungen wurden aufgebaut. Von Jahr zu Jahr konnten wir die Talisman-Schule miteinander weiter entwickeln. Das geschah zuerst durch die Erweiterung der Räumlichkeiten. Eine Holzwerkstatt wurde gebaut, ein für viele Zwecke sehr nützlicher Raum: Für Werkunterricht, für Theaterdarbietungen, um Jahresfeste zu feiern, Menschen des öffentlichen Lebens zu bewirten und vieles mehr.

Aufführung an der heilpädagogischen Schule Talisman.

Aufbauarbeit.
(Peter Marti)

Unsere Werklehrerin heisst Natalja Kulakowa und ist ausgebildete Tierärztin. Sie war in einem sibirischen Dorf bei Usolje Sibirskoje tätig und hat ihre Arbeit als Veterinärin sehr geliebt. Wowa, ihr Sohn, kam zur Welt, behindert. Wowa hat das Leben seiner Mutter verändert. Später hörte Natalja von „Talisman" und sie kam nach Irkutsk. Erste Gespräche mit Pädagogen von Talisman fanden statt. Natalja Kulakowa entschied sich für Talisman, das heißt vor allem für die Förderung von Wowa. Natalja ist heute eine der tragenden Kräfte der Schule. Ihren Beruf als Veterinärin übt sie weiter aus. Unsere sozialtherapeutische Dorfgemeinschaft Istok schätzt das sehr. Der Tierbestand im Dorf nimmt stetig zu.

Um die Schulräumlichkeiten zu erweitern, konnte im angrenzenden Mehrfamilienhaus eine Wohnung erworben werden. Hier wurde die Schulküche eingerichtet, zwei gediegene weitere Schulzimmer und ein Aufenthaltsraum entstanden.

Das Erscheinungsbild der Schule schien uns wichtig. Die Umgebung der Schule wurde zu einem erfreulichen Blickfang im doch eher heruntergekommenen Irkutsker Stadtteil Marata umgestaltet. Aber auch der innere Zustand, die Qualität der Heilpädagogik, hatte eine hohe Priorität. Engagierte Mitarbeiter und Mitarbeiterinnen kamen zu Talisman. Aus- und Weiterbildung wurde unterstützt. Besuche vom Seminar „Zentrum Maria" für Heilpädagogik wurden ermöglicht, interne Seminare wurden abgehalten. Auch Einblicknahme und Lernen im Westen wurden gefördert.

1997 begann die Arbeit am Leitbild. Der Leser im Westen wird aufhorchen. Diese Arbeit dauert bereits 10 Jahre. In geschriebener Form besteht das Leitbild auch heute noch nicht vollständig. Uns scheint der Prozess wichtig, die gemeinsame Arbeit am Leitbild und wie dieses entsteht. Es soll im Wirken präsent bleiben. Verschiedenes wird durch diese Arbeit angestrebt: Was wollen wir gemeinsam erzielen? Gemeinschaftsbildung, aufeinander eingehen, zuhören können, sachbezogenes Diskutieren, tieferes Eingehen auf Probleme, welche uns beschäftigen und wozu im Alltäglichen die Zeit fehlt. Literatur kommt auch zum Zug, je nach Jahreszeit und Gegebenheiten. Wir versuchen, uns abzuheben vom Alltag, einen anderen Blickwinkel zu gewinnen. Die Leute schätzen es, bei dieser Arbeit jemanden dabei zu haben, der nicht zu stark im Alltäglichen steht.

Parallel zur Leitbildarbeit befassen wir uns bewusst mit den Entwicklungsphasen einer Initiative. Literatur von Bernard Lievegoed, Friedrich Glasl und ein Titel „Ziele – Wünsche – Taten" waren und sind uns wegweisend bei dieser Arbeit. Die örtlichen Eigenheiten versuchen wir aber immer zu berücksichtigen. Mit der Pionierphase und Differenzierungsphase haben wir uns eingehend befasst und sie in die Praxis umgesetzt. Jetzt steht die Schule am Übergang in die Integrationsphase. Ein Organigramm entstand, ein bildhafter Überblick über die Organisationsstruktur.

Das Lehrerinnenkollegium der heilpädagogischen Schule Talisman.

Landschaften, Menschen ...

(Peter Marti)

Der Westler reist sehr gerne. Oft hat er Fernweh. Da bietet Russland, Sibirien, fast unbegrenzte Möglichkeiten. Ferner Osten, hoher Norden und natürlich der Baikalsee, fast so groß wie mein Herkunftsland Schweiz. Unvergesslich bleiben Reisen nach Russisch-Karelien, auf die Insel Solowki im Weißen Meer mit seiner dramatischen Vergangenheit, in den Fernen Osten, eine Schifffahrt auf dem Amur. Jakutsk am weiten Bogen der eindrücklichen Lena. Allein schon diese immensen Ströme, Angara, Jenissej, Ob, Amur und natürlich Mütterchen Wolga, in der Erinnerung vorbeiziehen zu lassen, lockt. Ausschweifen in die Ferne empfinde ich als hilfreich für die Arbeit. Abstand nehmen, Land und Leute in einem weiteren Umkreis kennen lernen. Überdenken des ganzen Geschehens. Zudem sollen die Talisman/Istok Teams mehr und mehr unabhängig werden.

(Bild: Birken mit dem Frühlingsboten Bagulnik.)

Sie haben soeben eine weitere Antwort auf die eingangs gestellte Frage „Weshalb ausgerechnet Sibirien?“ gelesen. Nur soll das Ausschweifen in diesem Bericht nicht zum Hauptthema werden, auch wenn es an spannenden Erlebnissen nicht fehlen würde.

Besuchen wir zwischendurch den Malunterricht von Tatjana Gerasimowa. Tatjana ist ursprünglich Architektin. Kostja ihr Sohn, ist behindert und besuchte die Talisman-Schule. Heute ist er um die zwanzig und lebt im Dorf Istok. (Istok nahm 1999 seinen Anfang, denn die Schulabgänger sollten in einer Dorfgemeinschaft leben können). Tanja hat langjährige Erfahrung, ist sie doch eine der Gründungsmütter von Talisman. Tanja hat die heilpädagogische Ausbildung im Seminar „Zentrum Maria“ absolviert. Sie war einige Male im Westen und seit geraumer Zeit doziert sie auch selbst am Seminar.

Im Raum für Malunterricht ist alles bestens vorbereitet. Die kleinen Tische sind mit Zeitungspapier abgedeckt. Die Schüler der 10. Klasse setzten sich an die Tische. Eine andachtsvolle Stimmung erfüllt den Raum. Tatjana Gerasimowa begrüßt jedes einzelne Kind zum Unterricht. Sie zeigt und erklärt, was heute das Thema im Malunterricht ist: Bäume in bunten Herbstfarben. Wieder jedem persönlich überreicht

Tanja Malbogen, Pinsel, Wasser und die einzelnen Farbtöne der Wasserfarben. Mit Igor, er ist Autist und ein wahrer Künstler im Malen und Formen, malt Tatjana auch in der Natur.

Die Natur! Hier muss ich etwas Besonderes erwähnen – einen Baum! Was hat ein Baum mit der Arbeit in Sibirien zu tun? Wenn es um Sibirien geht, kann es kein anderer Baum als die Birke sein, auf Russisch Biriosa (phonetisch geschrieben!). Soll ich das einflechten in den Bericht, frage ich mich. Erst kürzlich las ich im „Goetheanum" unter der schlichten Überschrift „Die Birke" einen Artikel „Durch die Betrachtung zur Imagination". Ob der Autor sich eventuell sogar in einem Birkenwald in Sibirien aufgehalten hat und diese besondere Stimmung auf sich einwirken lassen konnte? Der Baum als Kraftspender! Die Birke hat etwas Erfrischendes.

Nirgends habe ich die Birke so rein angetroffen wie in Sibirien. Im Wald in der Gemeinschaft, die hohe schlanke Erscheinung mit den feinen Verästelungen. Das reine Weiß der Rinde mit den Tupfern. Über den Wipfeln je nach Licht, ja was ist es? Nicht einfach zu beschreiben, ist es vielleicht eine Farbaura? Dann eine allein stehende Birke auf der Insel der Jugend in der Angara, die ich oft besuche. Die Birke passt eigentlich hervorragend zu unserer Arbeit. Die Birke als Inbegriff, etwas Neues in Angriff zu nehmen!

Sibirischer Winter, Stimmungsbild mit Birken.

... und Feste

(Peter Marti)

Feste feiern in Sibirien, bei Talisman und Istok – ein ganz besonderes Kapitel!

Erster September – nach langen Sommerferien beginnt ein neues Schuljahr in ganz Russland. Der diesjährige 1. September fällt auf einen Samstag, dennoch will man an dieser Tradition unbedingt festhalten. Das heißt, dass am Samstag, den 1. September 2007, alle Schüler, Lehrer, Eltern, Geschwister, Grosseltern und Verwandten erscheinen und das Schuljahr 2007/08 seinen Anfang nimmt.

Es ist ein Feiertag besonderer Art bei Talisman. Die schönsten Kleider werden getragen, vielleicht konnte sogar etwas Neues besorgt werden. Begrüßung im Kreis um die Kerze. Elena Anatoljewna, Vorsteherin der Talisman-Schule, heißt die Kinder und alle übrigen Anwesenden freundlich und feierlich willkommen.

(Bild: Russische Folklore. Eine Familie tritt auf.)

Jede Klassenlehrerin stellt ihre Kinder vor und begrüßt jedes persönlich. Es folgen weitere Ansprachen. Falls der Schweizer sich gerade in Irkutsk aufhält, wird auch von ihm eine Ansprache erwartet. Alle kennen Piter, wie sie mich nennen.

Anschließend beziehen die Klassen ihre schön dekorierten Schulzimmer. Ferienerlebnisse werden erzählt, vielleicht entsteht sogar eine Zeichnung über ein besonderes Erlebnis. Bei Tee und Kuchen gibt es noch ein gemütliches Beisammensein. Zu den Kindern stoßen Eltern und Verwandte. Auch Singen gehört dazu, eine fröhliche Gesellschaft, typisch russisch. Der erste Schultag geht zu Ende.

Jahresfeste feiern ist immer ein Höhepunkt. Aufführungen zu Michaeli oder Weihnachten stehen an. Es wird geübt, im Handarbeitsunterricht entstehen Kostüme. Die Schule mit den Kindern und Lehrern, Eltern und Verwandten fahren ins Dorf Istok (Quelle). Auf dem Nikolskij Trakt geht es 40 Kilometer in nordwestlicher Richtung aufs Land. Im Bus vereint mit strahlenden Gesichtern, erreichen wir das ehemalige Gelände der Sowjetarmee.

Am Fluss Irkut, der im Winter zugefroren ist. (Bild oben).

Wanderung der Olcha entlang.

Aufführungen in der Dorfgemeinschaft Istok.

(Peter Marti)

Auf einer alten Abschussbasis für Mittelstreckenraketen hat vor etwa acht Jahren die Sozialtherapie Einzug gehalten – welch ein Gegensatz! Auf einem Gelände von ca. 20 ha ist ein Dorfleben entstanden. Dies war wiederum viel Aufbauarbeit auf einem für Russland komplett neuen Gebiet. Gründungsmütter der Talisman-Schule nahmen sich dieser neuen Herausforderung an. Tatjana Kokina und Valentina Livindina waren unter anderen maßgebend an der Dorfgründung beteiligt. Valentina hat heute die Leitung inne. Tatjana Kokina hat neu eine übergeordnete Aufgabe in der Heilpädagogik und Sozialtherapie – auch die Koordination ist wichtig, nicht zuletzt auch für das Erscheinen nach außen.

Als Geschenk zu Weihnachten für Schüler, Eltern und Interessierte bereitet sich auch das Lehrerkollegium auf einen Auftritt vor. Das Dreikönigsspiel wird eingeübt.

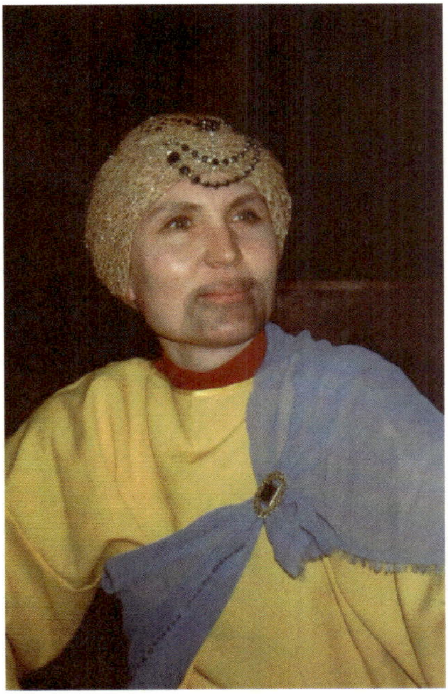

Auch hier entpuppen sich neue Talente. Da ist wieder Natalja Kulakowa, Werklehrerin und Masseurin in der Schule und Veterinärin im Dorf Istok. Im Dreikönigsspiel übernimmt sie die Rolle des Mohren Kaspar. Und da sind weitere begabte Aktrissen, Larissa Beleewa als Melchior, Marina Romanowa als Balthasar.

(Bild: König im Dreikönigsspiel.)

Heute soll auch in Istok gefeiert werden. Das Dorfgelände ist bestens geeignet für solche Feste. Umrahmt von schönster Natur, von Birkenwäldern wie aus dem Märchenbuch. Reine Luft im Gegensatz zur Stadt mit dem überbordenden Straßenverkehr. Die Kinder, aber auch die Erwachsenen, genießen den Tag im Dorf. Es wird gespielt und herumgetollt. Darbietungen stehen an. Jede Klasse hat ein Stück eingeübt. Die selbst geschneiderten Kostüme werden mit viel Stolz präsentiert. Der Auftritt findet in der ehemaligen Kaserne statt, wo bis vor wenigen Jahren die Soldaten dicht gedrängt nebeneinander geschlafen hatten.

Ein Stück bleibt mir besonders gut in Erinnerung. Es war an Michaeli. Die Handlung spielte von Ermak (Jermak) Timofejewitsch, einem Nationalhelden. Er zog 1581 mit 800 Kosaken vom Ural Richtung Sibirien, um das geheimnisvolle Land dem Reich einzuverleiben.
Andrej, damals in der 8. Klasse, spielte die Hauptrolle des Ermak. Und wie er das tat – ganz in seinem Element in Montur und mit dem Schwert! Texte, die vorher einstudiert wurden, ergänzte er mit Phrasen, die nach seinem Empfinden unbedingt zu seiner Rolle gehörten. Das Publikum applaudierte, war begeistert. Ermak in seinem Element riss alle mit. Andrej ist ein Talent auf der Bühne. Ein andermal spielte er einen Popen. Gegensätzlicher könnten die Rollen nicht sein!

Mitarbeiter vom Dorf Istok bei einer Darbietung aus einer Erzählung von Lew Tolstoj "Wovon die Menschen leben." - Ein Geschenk an die Betreuten und deren Eltern.

Die Birke.

(Sandra Ravioli)

Birken gehören zu Russland wie die Tulpen zu Holland. Die Birke ist in der russischen Kultur viel mehr als nur einfach ein Baum. Was dem Deutschen seine Eiche, ist dem Russen seine Birke.

Aus Birkenrinde (dem sog. Birkenleder) wurden und werden seit Jahrhunderten Lesezeichen, Dosen, Koffer und vieles mehr gefertigt.

Birkensaft, im Frühjahr durch Anritzen des Baumes gewonnen, wird seit Jahrhunderten in Russland gerne getrunken.

Später, im Herbst, wird das Birkenpech hergestellt, das schon den Steinzeitmenschen als Klebstoff diente.

Birkenöl wird in der Naturheilkunde gegen Rheuma und Hautausschläge eingesetzt. Früher fand es auch gegen Tuberkulose Verwendung.

Birkenzweige sind in der russischen Banja wichtig: Bademeister klopfen damit ihre Kunden ab. Es soll gut für den Kreislauf sein.

Damit jedoch nicht genug: Was dem Franzosen seine Guillotine, waren Ivan dem Schrecklichen seine Birken. Zur Vollstreckung von Todesstrafen wurden die Verurteilten an die elastischen Baumspitzen zweier Birken (deren Spitzen nach unten gebogen wurden, indem man auf den Baum kletterte, sich fest hielt und nun nach unten fallen ließ) festgebunden. Sobald die festgehaltenen Baumspitzen losgelassen wurden, sprangen sie samt dem Übeltäter auseinander. Den Effekt kann sich jeder selber vorstellen.

Die Sowjetunion nannte letztlich Ihre Devisengeschäfte „Berjoska".

Slawa, der älteste Dorfbewohner.
Selbst beim Holzspalten trägt er seine Uniform.

Holz für die Banja (russ. Dampfbad) wird zubereitet.

Peter Marti mit Kyrill.

Ein Birkenmärchen.

Die Axt (von Leo N. Tolstoi)

Es kam eine Axt zum Brennholz. Sie klopfte auf die verbrannte Rinde und spottete: "Mein Wille geschieht: Wenn ich will, haue ich dich zusammen oder ich verfehle dich nur knapp. Ich bin hier der Herr."

Im Wald wuchs, sehr zur Freude der alten Bäume, eine frohe, krausköpfige Birke. Sie hieß Ljulinka. Als die Axt die Birke erblickte, warf sie sich in die Brust: "Lockenkopf, ich locke dich. Wenn ich anfange dich zu fällen, fliegen die Späne." Die Birke erschrak: "Fäll mich nicht, du wirst mir wehtun." "Na los, fang schon an zu flennen." Die Birke weinte goldene Tränen und senkte ihr Haupt. "Der Regen hat um meine Hand angehalten. Ich will doch leben."

(Bild: Hausneubau vor einem Birkenwald.)

Da lachte die Axt auf und war der Birke überdrüssig. Weiße Späne flogen. Finster blickten die Bäume drein. Ihr ärgerliches Flüstern zog durch den ganzen Wald bis hin zur Beerenbrücke. Die Axt schlug zu, die Birke stürzte und lag in ihrer ganzen Schönheit im grünen Gras, umgeben von blauen Blumen. Die Axt packte sie und schleifte sie nach Hause. Dabei musste sie über die Beerenbrücke gehen.

Die Brücke sprach zu ihr: "Warum treibst du solchen Unfug im Wald und fällst meine Schwestern?" "Schweig du Dummkopf", fletschte die Axt die Zähne, "Du erzürnst mich. Ich säbele auch dich nieder!" Sie schonte ihren Rücken nicht, ächzte und zerstörte die Brücke. Dann fiel die Axt ins Wasser und ertrank.

Die Birke Ljulinka aber schwamm vom Fluss ins große Meer.

Die Birke.

(von Wilhelm Busch)

Es wächst wohl auf der Heide
Und in des Waldes Raum
Ein Baum zu Nutz und Freude,
Genannt der Birkenbaum.

Die Schuh, daraus geschnitzet,
Sind freundlich von Gestalt.
Wohl dem, der sie besitzet,
Ihm wird der Fuß nicht kalt.

Es ist die weiße Rinde
Zu Tabakdosen gut,
Als teures Angebinde
Für den, der schnupfen tut.

Man zapfet aus der Birke
Sehr angenehmen Wein,
Man reibt sich, daß es wirke,
Die Glatze damit ein.

Dem Birkenreiserbesen
Gebühret Preis und Ehr;
Das stärkste Kehrichtwesen,
Das treibt er vor sich her.

Von Birken eine Rute,
Gebraucht am rechten Ort,
Befördert oft das Gute
Mehr als das beste Wort.

Und kommt das Fest der Pfingsten,
Dann schmückt mir fein das Haus,
Ihr, meine liebsten Jüngsten,
Mit Birkenzweigen aus.

Einheimische Wege zur Schule (1992-2000).

(Stefan Bohl)

In Irkutsk sind nach dem Ende der Sowjetunion einige Initiativen entstanden, die sich erfolgreich um den Aufbau der Waldorfpädagogik und der anthroposophischen Heilpädagogik bemühen. Die heilpädagogische Schule „Baikalskij Talisman", eine Schule für behinderte Kinder, ist eine dieser Initiativen.

Tatjana Kokina, Mutter eines behinderten Sohnes und Mitbegründerin von Talisman: „Zu Beginn der neunziger Jahre erfuhren wir durch Kontakte mit Pädagogen aus Finnland von der Waldorfpädagogik und einer Heilpädagogik für Kinder mit geistiger Behinderung. Ich erfuhr, wie man mit diesen Kindern arbeiten kann, daß jedes Kind ein Recht auf Bildung besitzt, unabhängig von seinen Fähigkeiten, und daß wir diese Kinder wirklich fördern können. Für uns war dies eine Entdeckung. Ein Leitstern!" Vorher war es menschenunwürdig

Bis zu diesem Zeitpunkt hatten die vier Gründerinnen im Bemühen, zu Sowjetzeiten eine Anerkennung, Beschulung und Förderung für ihre behinderten Kinder zu finden, eine wahre Odyssee hinter sich bringen müssen. Entsprechend dem sowjetischen Weltbild gab es eine „Defektologie", eine Lehre, nach der ein behinderter Mensch als defekt erklärt wurde: „Eine Förderung lohnt nicht." Der nicht bildbare und somit nicht verwendbare behinderte Mensch stand der Entwicklung der Sowjetunion im Wege. Ohne Recht auf Schule wurde ein behindertes Kind von den Eltern zu Hause versorgt, oftmals vor den Augen der Öffentlichkeit versteckt, oder in Heimen untergebracht. Die Verhältnisse, unter denen die behinderten Kinder dort leben mussten, waren grausam und menschenunwürdig.

Aber nicht alle Eltern konnten sich mit dieser Situation abfinden. Sie wussten, daß auch ihr Kind lernfähig ist und trugen immer die Sehnsucht in sich, für ihr Kind etwas Besseres zu finden. Und so ging es nach den Anfängen 1991 mal langsam, mal schnell, mal leicht, mal gegen Widerstände, aber immer irgendwie vorwärts!

Schritt für Schritt (1992 - 2000)

1992: Talisman wird offiziell als private Organisation anerkannt, die Kinder nach den Grundlagen der anthroposophischen Heilpädagogik unterrichtet. Der erste Unterricht findet in Privatwohnungen statt. (Siehe auch Artikel von Stefan Bohl aus dem Jahre 1992)

1993: Talisman erhält Schulräume in einem staatlichen Internat, verbunden mit Auflagen, die die pädagogische Freiheit und die Arbeit der Schule stark einschränken. Spendengelder verhelfen Talisman zu einem Schulbus.

1994: Kauf eines einstöckigen sibirischen Holzhauses mit Garten. Viele Renovierungsarbeiten sind nötig - Talisman richtet eine Sonntagsschule ein - Hospitation zweier Lehrerinnen in Deutschland. In den nächsten Jahren werden häufiger Lehrerinnen zu Weiterbildungen in den Westen kommen.

1995: Die pädagogische Arbeit entwickelt sich gut, wird jedoch durch Spannungen mit dem staatlichen Internat getrübt.

(Bild: Aljoscha in der Holwerkstatt. Dorfgemeinschaft Istok.)

1996/97: Talisman zieht die Konsequenzen und verlässt die Räume des staatlichen Internats - Die schulische Arbeit setzt sich im nun fertig renovierten Holzhaus fort. Das bringt materiell Nachteile, pädagogisch aber kann man frei arbeiten.

1998: Erweiterung der Schule durch den Erwerb einer Dreizimmerwohnung im Nachbarhaus - Verstärkte, erfolgreiche Öffentlichkeitsarbeit.

1999: Viele neue MitarbeiterInnen und Kinder. Ausbau und Einweihung der neuen Holzwerkstatt und einer Keramikwerkstatt.
Talisman führt ein öffentliches Seminar durch und erhält hierfür staatliche Fördergelder. Einige Lehrerinnen erhalten nach Jahren der regelmäßigen Teilnahme am Heilpädagogischen Seminar ein Diplom. Ständige Weiterentwicklung der Organisationsstruktur auf der Basis konsequenter Leitbildarbeit. Das Talisman-Dorfprojekt wird als Arbeits- und Lebensstätte für Jugendliche ab dem 18. Lebensjahr begonnen und erhält ein Gelände mit Gebäuden nahe lrkutsk.

2000: Dem Dorfprojekt wird öffentliche Unterstützung zugesagt. Die ersten Betreuten leben und arbeiten nun regelmäßig im Dorf - Das Projekt erhält den Namen "Istok" (Quelle).

Berichte von Lehrern und Praktikantinnen.

(Johannes Denger zur Einleitung des Seminars.)

„Es gibt wohl kaum ein Gebiet, auf dem eine Behinderung weniger ins Gewicht fällt als beim Thema Freundschaft, Liebe, Partnerschaft. Sicher, Menschen mit Behinderung stoßen auch und gerade hier an Schranken des Vermögens, vor allem aber an Barrieren durch Vorurteile der Umgebung oder etwa bauliche Einschränkungen der Einrichtungen. Aber bei dem, worum es eigentlich geht, bei Beziehungsfähigkeit, Hilfsbereitschaft, Anerkennung, Achtung, Rücksichtnahme in der Partnerschaft – und: Beim Ertragen der Eigenheiten und Akzeptieren der Grenzen des anderen, bei all diesen Aufgaben besteht nicht nur kein Unterschied zwischen Menschen mit und ohne Behinderung, sondern man hat den Eindruck, dass sie hier oft besondere Fähigkeiten haben. Und wenn es Streitigkeiten und Probleme gibt, sind es dieselben wie bei jedem Paar.

Als Heilpädagoge und vor allem als Sozialtherapeut in der Arbeit mit Erwachsenen ist man immer wieder in Gefahr, durch übergreifendes Bestimmen die Menschenrechte des anderen zu verletzen. Ein besonders heikler Bereich ist der von Freundschaft, Liebe und Partnerschaft. Er ist gewissermaßen ein Gradmesser dafür, wie mit dieser Gefahr umgegangen wird. Und so ist es sehr erfreulich, wie in den vergangenen Jahren auf diesem Felde an vielen Lebensorten zum Teil radikal umgedacht und unumkehrbare Entwicklungen angeschoben wurden. „

Abschlussarbeiten von vier Absolventinnen im Seminar-Zentrum Maria, Irkutsk:

Larissa Beleewa (Lehrerin, Talismanschule):

‚Aufführungen in der Heilpädagogik.'

Elena Blinowa (Handarbeitslehrerin, Talismanschule):

‚Handarbeiten in der Heilpädagogik.'

Olga Tuschitsch (Keramiklehrerin, Talismanschule):

‚Plastizieren im Pubertätsalter.'

Olga Krasowskaja (Lehrerin, Talismanschule):

‚Die vier Temperamente.'

Seminar in der Waldorfschule Irkutsk (6.– 8. Juli 2007).

(Christian Breme)

Nach 94 Stunden Fahrt mit der Transsib erreicht unsere kleine Reisegesellschaft Irkutsk. Marina, die Mathematiklehrerin der Schule (Waldorfschule Irkutsk), holt uns vom Bahnhof ab. Mit dem Taxi erreichen wir das „Studentenstädtchen", eine etwas trostlose Hochhaussiedlung am Stadtrand, in der sie ihre nette Wohnung hat. In der Nacht steht während Stunden ein gewaltiges Gewitter über der Stadt. Nach jedem Blitz heulende Sirenen in den auf dem Hof parkierenden Pkws. Wir schlafen kaum. Am Morgen bringt mich Marina mit dem Bus zur Schule. Es ist ein stattliches Gebäude, nicht fern des Zentrums. Vom nächtlichen Regen stehen die Strassen weitflächig unter Wasser. Die Schule selbst ist nicht trockenen Fusses zu betreten. Nach den vielen Industrieruinen an der Bahnstrecke, den heruntergekommenen Betonplattenbauten, stehe ich plötzlich an einem lebendigen, im Aufbau begriffenen Ort. Ein geschnitztes Holzschild hängt im 1. Stock über dem Eingang zu den Klassenräumen. „Waldorfschule" übersetzt Marina. Es kommt mir wie ein Wunder vor: Heimatgefühle, 6000 Kilometer von zu Hause entfernt! Die Räume sind hell und freundlich. Alles ist aufgeräumt, geschmückt, eine liebevoll gepflegte „Waldorfatmosphäre". Fenster, Böden, Tische sind frisch gestrichen. In dem Klassenraum, wo das Seminar stattfinden soll, hängen herrliche Aquarelle, die offensichtlich von Kandinsky inspiriert sind. Ich erfahre, dass dies aus einer Arbeit stammt, welche das Kollegium vor nicht langer Zeit mit Ursula Locher gemacht hat. So trifft man auf bekannte Spuren ...

Nach und nach treffen die Lehrerinnen ein, die an meinen Kursen teilnehmen wollen: Olga, die Deutschlehrerin, die vollkommen akzentfrei, fließend übersetzen wird. Sie wird uns in den nächsten Tagen mit selbst gebackenen Pfannkuchen (Blinis) verwöhnen. Irina, die Handarbeitslehrerin, scheint der ruhende, ausgleichende Pol in der oft sehr quirligen Versammlung der Kolleginnen zu sein. „Sie ist unsere Direktorin", erfahre ich. Im Gespräch wird deutlich, dass sie einen tiefen inneren Begriff hat von dem, was wachsen soll, was dem Wesen der Schule entspricht. Dann sind da Larissa und Anja, die den Werkunterricht der Schule tragen. Sie wollen mir nach Talovka folgen und mit mir den Lehrplan durchgehen. Alfa, die Musiktherapeutin, die bei meinem Freund Pedro Fausch in Berlin gelernt hat. Marina, die eine Modellierausbildung bei Klaus Charisius begonnen hat, der auch mein Lehrer am Seminar in Stuttgart war. Auch sie wird nach Talovka folgen und dort meine Frau Susanne bei vielen Sprachtherapiestunden in der Heilpädagogischen Schule begleiten und übersetzen, daneben modellieren und einen Webrahmen bauen. Zuletzt sind es 12 Personen.

Manche noch etwas müde am Anfang, weil die letzten Tage dicht gefüllt waren mit Vorträgen und Seminaren mit Michaela Glöckler. Ich bewundere diese große Aufnahmebereitschaft und das hohe Fortbildungsideal.

Drei Tage werden wir zusammen verbringen: Zuerst das Modellieren in den Unterstufenklassen. „Wieder Erde in die Hand nehmen." Dann Grundlagen und künstlerische Methode einer neuen Sexualkunde. Schließlich Embryologie. Die Aufgeschlossenheit ist groß. Immer wieder werden Verbindungen gefunden zu dem, was Michaela Glöckler vorgetragen hat. Es scheint ihnen dies wie der konkrete, praktische Teil des vorangehenden Seminars zu sein. Das Vorgeburtliche, das kosmische Element, ohne das wir die Geheimnisse der Sexualität nicht erahnen, die Vorgänge der Embryologie nicht verstehen können, aufzunehmen, scheint ihnen nicht schwer zu fallen. Im Gegenteil: Viele dieser Frauen sprechen von Erfahrungen, die über die Grenze des materialistischen Weltbildes hinausgehen. Eine Kollegin berichtet von einem Traum, in dem sie aus dem Fenster schaute und hunderte von Krähen in der Luft erblickte. Eine rote Krähe sei dann zu ihr ins Fenster geflogen. Wenige Tage später sei sie schwanger geworden. Dem Kind habe sie den Namen Warona (Krähe) gegeben.

Sinngebende Tätigkeit und handwerkliche Geschicklichkeit: Aljoscha beim Korben. (Otradnyj Sad, Talovka.)

Seminar in Talovka.

(Christian Breme)

Die Begeisterungsfähigkeit und Dankbarkeit war überaus groß. Tatsächlich folgten uns fünf Kolleginnen aus Irkutsk später nach Talovka, wo wir drei Wochen in einem Heilpädogogischen Heim helfen wollten. Nach unserer Fahrt mit dem Schlafwagen dem Baikal entlang, erreichten wir am frühen Morgen das kleine Dorf in Buriatien. Inmitten von Ruinen aus der Kolchosenzeit fanden wir das Heim, das mit so viel Idealismus aufgebaut wurde und sich heute zu einem blühenden Ort entwickelt. Wir erfuhren, dass wir am nächsten Tag auch hier ein Seminar bestreiten sollten: Susanne konnte den Betreuerinnen und den Lehrerinnen der Heilpädagogischen Schule die grundlegenden Krankheitsbilder Epilepsie und Hysterie vermitteln und im Anschluss einen Sprachgestaltungsunterricht beginnen. Ich selbst wurde gebeten, den Irkutsker Kurs hier zu wiederholen und in die Grundlagen des Werkens einzuführen.

In den nächsten Tagen erschienen die Kolleginnen aus Irkutsk von der Waldorfschule sowie der Heilpädagogischen Schule „Talisman" und halfen mit, die Holzwerkstatt im Heim einzurichten.

(Bild: Das 300 Jahre alte Dorf Talovka.)

Eine kleine, miteinander und voneinander lernende innige Arbeitsgemeinschaft entstand. Reich beschenkt mit Erlebnissen und Begegnungen verließen wir schließlich diesen uns lieb gewordenen Ort.

Diese drei Institutionen, die Schule in Irkutsk, das Heim und die Heilpädagogische Schule in Talovka, tragen einen starken Lebenswillen, Begeisterungsfähigkeit und eine Zukunftsvision in sich. Man darf hoffen, dass die Kräfte der Menschen, die hier arbeiten nicht nachlasen und dass ihnen jede Unterstützung aus der ferneren Umgebung zukommen wird, die diese mutigen Menschen brauchen. Es lohnt sich!

Talovka baut bei minus 30° C und eisigem Wind:

Holzbau.

Baufachmann Walodja.

Talovka 2007.

(Christina Breme, Schweiz)

Kaum haben die Sommerferien begonnen, geht's wieder nach Russland und nach zwei touristischen Tagen im Zentrum Moskaus auf die Räder, Richtung Osten, Sibirien, Irkutsk. Vor etwas mehr als einem Jahr bin ich die Strecke zum ersten Mal gefahren, jetzt sind mir diese Geleise schon vertrauter; die vorbeiziehenden Landschaften, die Stationen kommen mir bekannt vor.

Vor allem aber weiß ich, was und wer mich am Ende der Reise mit der Transsib erwartet, ich freue mich auf mein Ziel – unser Ziel ...

Im Sommer 2005, begann mein „russisches Praktikumsjahr". Nachdem ich bis im Frühling 2006 auf einem Bauernhof in Bolotovo und in der Waldorfschule in Zhukovskii, beides in der Nähe von Moskau, als Praktikantin gearbeitet hatte, kam ich nach Talovka, einem kleinen Dorf in relativer Nähe des Baikalsees in der Republik Burjatien. Dort befindet sich die Heilpädagogische Schule „Raduga" (Regenbogen) und das dazugehörende Heilpädagogische Heim „Otradni sad" (Garten unter dem Regenbogen) das noch im Aufbau ist. Hier wollte ich für drei Monate bleiben und mithelfen, überall, wo es etwas zu tun gab.

Inzwischen sind die Menschen dort so etwas wie eine zweite Familie für mich geworden. Ich freue mich sehr, sie wiederzusehen und auch meine Eltern, die mich nun begleiten, an diesen Ort zu bringen, der mir so viel bedeutet.

Es war ja nur eine kurze Bemerkung, die Antwort auf die Frage, was meine Eltern von Beruf seien, meine Mutter – Sprachtherapeutin, mein Vater – Werklehrer. Die Antwort sollte ihre Folgen haben. Dem Drängen von Irina Shenderova (Waldorfschule Irkustsk) und Natascha Malih (Heilpädagogisches Heim und – Schule Talovka), doch im nächsten Jahr wiederzukommen mit den Eltern wollte ich gerne nachgeben. Ich konnte die Eltern überreden ... Und nun sitzen sie hier mit mir im Zug, bereiten sich vor für ein Seminar mit den Lehrern der Irkutsker Waldorfschule und für die Arbeit mit den Lehrern und Betreuern des Heims und der heilpädagogischen Schule in Talovka, während ich Schwarztee zubereite und Fertigsuppen "koche"...

Nachdem wir vier Tage in Irkutsk und Umgebung verbracht hatten, ging es nun endlich nach Talovka. Ich freute mich unglaublich auf das Heim und die Menschen dort und war sehr gespannt, wie sich alles verändert haben würde. Vor einem Jahr noch hatte ich dabei geholfen, von den Backsteinen für den Ofen in der „Banja" den alten Mörtel abzuschlagen (sie stammen, wie alle zum Wiederaufbau des Heim- und Werkstattgebäudes verwendeten Backsteine, von zusammengefallenen Gebäuden in der Nähe), hatte dann miterlebt, wie die Banja aufgebaut und gezimmert wurde. Nun ist sie fertig und dient allen Bewohnern des Heimes oder „Dorfes", wie sie es nennen, zur Erholung sowie zur Körper- und Kleiderwäsche. Das Werkstattgebäude, welches zur Zeit auch noch als Wohnhaus von Natascha, ihrem Mann Wolodja und ihrem behinderten Sohn Aljoscha sowie von Zhenja, Mischa und Dima dient - bald soll das erste „Wohnhaus" gebaut werden, um Arbeitsplatz und Zuhause für die Betreuten zu trennen - ist kaum mehr wiederzuerkennen. Die Räume, welche zu Beginn meines letzten Aufenthaltes noch keine Böden und Fenster hatten, deren Wände dann von Wolodja verputzt und von Natascha und mir in mehreren Schichten geweißelt wurden, sind jetzt schöne, farbenfrohe, gemütliche Werkstatträume geworden.

Es gibt nun ein kleines Handarbeitszimmer, ein Zimmer mit einem selbstgebauten Webstuhl, eine Korbflechterei und eine Holzwerkstatt, die eingerichtet werden soll. Draußen entsteht unter dem Kommando von Wolodja aus alten Eisenbahnschwellen ein weiteres Gebäude, in welchem eine Garage und eine Schreinerwerkstatt Platz finden werden. So vieles ist hier geschehen und soviel haben die Menschen hier noch vor. Jeden Tag wird weitergebaut und gestaltet, soweit das Geld für das dafür notwendige Material halt reicht. Auch eine eigene Landwirtschaft ist im Aufbau und scheint beständig zu wachsen: Es gibt ein großes Kartoffelfeld und neuerdings auch ein Feld mit Kohl, Tomaten und Paprika sowie viele Beete mit Gemüse, Kräutern und Blumen. Arbeit gibt's hier genug: Beim Bau, auf dem Feld, es muss täglich Wasser gepumpt werden für Küche und Garten und auch die Köchin ist über Hilfe froh. Die Arbeit in den Werkstätten ruht im Sommer etwas, außer in der Holzwerkstatt, die jetzt mit vielen hilfreichen Händen professionell möbliert und eingerichtet wird. Hier ist in jeder freien Minute irgendjemand am Werken. Obwohl die Arbeit Spaß macht, brauchen wir auch manchmal Erholung und spazieren für ein Picknick und eine Abkühlung im kalten Wasser an den nahe gelegenen Fluss „Selenga" oder wir gehen Beeren pflücken in den Wald, möglichst, solange die abendlichen Mücken noch nicht da sind.

Das Leben ist sehr einfach und streng, den europäischen Luxus gibt es hier nicht. Keine Maschinen, die einem die Arbeit erleichtern, das Wasser muss täglich gepumpt werden, gekocht wird auf einem alten Gasherd mit nur einer funktionierenden Platte (für bis zu 16 Personen) oder auf dem Holzofen, man teilt sich ein Zimmer mit vielen Menschen...

Aber dennoch ist das Leben hier so reich wie kaum wo, jedenfalls erscheint es mir so. Es ist das friedliche Zusammenleben, geprägt von der täglichen Arbeit am gleichen Ziel und von vielen kleinen Freuden, dem Luxus dieses einfachen Lebens nahe an der Natur, das mir so gefällt. Unglaublich, wie man sich hier über einen saftigen Apfel (aus Neuseeland) freuen kann oder über die alltägliche Suppe aus eigenem Gemüse und etwas Fleisch, die doch immer wieder anders und jedes Mal lecker schmeckt. Schön ist auch das Pflücken und Essen von Walderdbeeren ... und dann, wenn einen der Regen doch eingeholt hat, durchnässt und frierend beim Heimkommen schon von Weitem am Rauch zu sehen und zu wissen, dass da jemand für die Frierenden die Banja eingeheizt hat ... oder spät in der Nacht, eingehüllt in eine warme Decke, die rot untergehende Mondsichel am fernen Horizont solange zu betrachten, bis sie verschwunden ist.

Trotz der vielen Arbeit nimmt man sich Zeit für das gesellige Zusammensein, das gemeinsame Teetrinken, den Rückblick über den Tag. Die Tage sind reich und ausgefüllt und man weiß am Abend, dass man etwas getan hat.

Teilrenoviertes Haus in Talovka.

Heilpädagogische Schule Talisman:

Christina, 9. Klasse, konzentriert bei der Handarbeit.

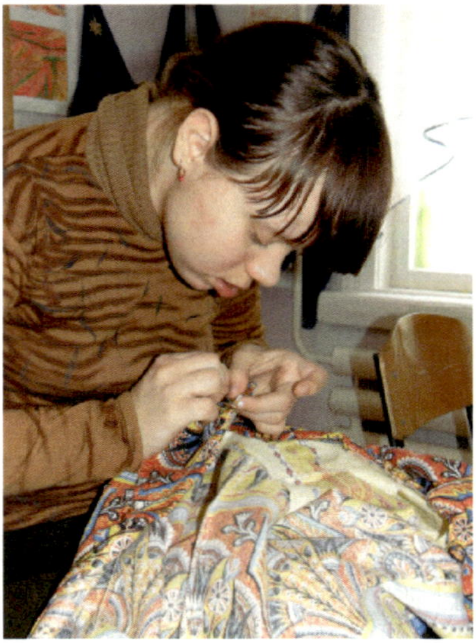

Elena, 9. Klasse, da entsteht ihr Morgenrock.

Die Kinder stehen im Mittelpunkt.

(Julia Masalzewa)

Schon bevor Nastja auf die Weit kam, hatte ihre Mutter Julia, trotz einer guten und gesunden Schwangerschaft, das Gefühl, ein krankes Kind zu bekommen. Ihre Angst wurde nach der Geburt von Nastja bestätigt. Nastja lehnte jede Berührung und auch die Muttermilch ab. Sie entwickelte sich sehr langsam. Später war sie eine kurze Zeit im Kindergarten und fiel durch ihre Unruhe auf. Nastja lief ständig hin und her, räumte zwanghaft ein und aus und war in ihrer autistisch fremden Welt für niemanden erreichbar. Julia zeigt ein Photo von der kleinen Nastja, auf dem ein hübsches, gesund und fröhlich ausschauendes kleines Mädchen zu sehen ist.

Es ist kaum zu glauben, daß dieses Mädchen mit ihrem Geschrei und einer sehr großen Unruhe ständig unter Kontrolle gehalten werden musste und die familiäre Situation total überforderte. Bis nach Moskau suchten ihre Eltern im Kontakt mit Ärzten und Behinderteneinrichtungen erfolglos nach einer Schule für Nastja und nach erfahrenen Menschen, die Nastja verstehen und ihr helfen können.

Als sie zum ersten Mal in die Talismanschule kamen, so erzählte Julia, war sie sofort begeistert von der guten, liebevollen Atmosphäre. Julia entschied sich „mit“ Nastja für die Talismanschule eine Entscheidung, die ihr weiteres Leben sehr veränderte.

Nastja kann neue Situationen und fremde Menschen nur schwer ertragen. Auch der Schritt in die Talismanschule war für das kleine Mädchen nicht leicht. In der ersten Schulzeit war Nastja schwierig, doch dank der Sensibilität und Erfahrung ihrer Lehrerin Tanja entwickelte Nastja schnell das nötige Vertrauen.

(Bild: Natalja Kulakowa mit Andrej.)

Julia erzählt, daß Nastja sich in „ihrer" Schule schnell positiv veränderte; ruhiger, ausgeglichener und seelisch kräftiger wurde. Das musikalische Mädchen lebte in den Liedern, Märchen und Kindergedichten, die sie in der Schule kennen lernte, auf. So war es möglich, Nastja mit Hilfe von Liedern und Märchen aus der Abgeschlossenheit ihrer Welt herauszuholen und sie zu fördern. Lieder, rhythmische Texte und Märchen spielen im heilpädagogischen Unterricht der Talismanschule eine wesentliche Rolle und geben allen Kindern der Schule eine kräftige seelische Nahrung.

Nastja ist ein ruhiges Kind geworden. Dennoch braucht sie noch immer sehr viel Hilfe und Anleitung. Noch viele Ängste nehmen Nastja gefangen. „Ich kann nicht selbst“, sagt Nastja, wenn sie etwas tun soll. Aber gerade, indem Nastja in der Schule und Zuhause lernt, bei den alltäglichen Verrichtungen mitzuhelfen, kann sie über sich hinauswachsen – ein Wachsen, das in der Schule sehr sensibel geführt und begleitet wird. Nastja geht sehr gerne zur Schule. Sie hat Vertrauen zu ihren Lehrern fassen können und bei den Mitschülern fand sie neue Freunde. Die Ferien mag sie überhaupt nicht!

Auch Nastja's Mutter Julia hat sich eng mit der Talismanschule verbunden. Im letzten Jahr war sie Klassenhelferin, und in diesem Jahr will sie die Vorschulklasse übernehmen. Die frühzeitige Förderung des kleinen, behinderten Kindes ist ihr ein wichtiges Anliegen. Am liebsten möchte sie deshalb in einem Kindergarten arbeiten und sich dafür einsetzen, so dass zu Talisman bald auch ein Kindergarten gehören kann.

In der Schule „Baikalskij Talisman“ haben Nastja, ihre Mutter Julia, viele Lehrer und Schüler der Talismanschule eine neue Heimat gefunden. Eine solche „neue Heimat“ könnte man noch vielen behinderten Kindern in Russland wünschen, doch die Entwicklung einer menschenwürdigen Behindertenhilfe steht in Russland noch ganz am Anfang. Die Schule Talisman im sibirischen Irkutsk hat mit Erfolg solch einen Anfang gewagt.

(Julia Masalzewa hat nach Nastja noch zwei Söhne geboren und ist seither zu Hause für ihre Familie tätig. Die Verbindung zur Schule ist bis heute nicht abgebrochen. Sie hatte auch das Glück, in der Schweiz im Sonnenhof/ Arlesheim, in der Jufa/ Basel und im Humanus-Haus/ Beitenwil zu hospitieren.)

Gemeinschaftsarbeit 4. Klasse.

Das Kind im Mittelpunkt:

Julia mit Sachar.

Eine neue Heimat gefunden.
(Myriam Estko)

Ideen für ein Praktikum hatte ich viele, Länder zur Auswahl ebenfalls. Warum ich mich trotzdem für die Talisman-Einrichtung in Sibirien entschied, konnte ich nie so genau erklären. Heute weiß ich aber, dass es die richtige Entscheidung war! Mich reizte sowohl die Aussicht, Russisch zu lernen und Sibirien als Land zu entdecken, als auch die Arbeit mit Behinderten. Inzwischen ist mein Jahr dort verstrichen und ich befinde mich auf einer Reise durch Asien, aber immer noch habe ich fürchterliches Heimweh nach Istok und kann es kaum erwarten, im Januar wieder dort zu sein, wenn auch nur für zwei Monate.

Wenn ich an den Anfang zurückdenke, an meine Träume und Vorstellungen, so stelle ich fest, dass sich davon das wenigste erfüllt hat. Praktikantin im westlichen Sinne bin ich nicht geworden, dafür wurde ich reich beschenkt: Ich fand für einen kurzen Zeitraum meinen Platz in der Welt, Freunde, eine zweite Familie, eine vielseitige Arbeit und die Liebe zu dem kleinen Fleckchen Erde in der Nähe des Baikal, der Dorfgemeinschaft Istok.

Viel mitzubringen hatte ich eigentlich nicht - außer ein bisschen Erfahrung aus dem praktischen Unterricht an der Waldorfschule und vom Demeterhof meiner Eltern, sowie viel Enthusiasmus. Vor allem Letzterer war immer sehr nötig. Allzu oft gab es Situationen, die aussichtslos erschienen und es dauerte eine Weile, bis ich mich teilweise an die russische Mentalität gewöhnte. Vielleicht war dies anfangs auch die größte Schwierigkeit für mich als Europäerin, das völlig andere Verständnis von Zusammenarbeit in Russland.

Zum Beispiel kennt man Konferenzen dort eher als einen Platz zum Austauschen, um lautstark, sowie emotional zu streiten und sich danach wieder zu vertragen. Eine Arbeit mit Planung, Durchführung und vor allem Selbstreflexion ist meist nur ansatzweise vorhanden. Es war ein harter Prozess für uns alle als Team. Für die russische Seite galt es plötzlich konkreter zu planen, für die Schweizer Volontärin Aurelia, und mich hieß es, sich auf mehr Spontaneität und Tatkraft einzulassen. Je mehr wir uns einander annäherten, desto schöner war ersichtlich, wie viel Neues sich aus dem Zusammenkommen zweier so unterschiedlicher Kulturen ergeben kann!

Für mich persönlich bestand eine große Herausforderung auch in der Verantwortung und der Erwartung von Selbstbestimmtheit, die einem als junger Mensch in Istok entgegengebracht wird. Als frischgebackene Abiturientin eine gesamte Werkstatt, sowie oft das tägliche Gruppenleben anvertraut zu bekommen, ist sicher selten, aber dafür hat man auch nirgendwo sonst so große Möglichkeiten, sich weiterzuentwickeln und neue eigene Stärken herauszufinden. Auch wenn ich manchmal überfordert war, habe ich die kleine Gruppe in der Holzwerkstatt immer mehr als meine Familie empfunden.

So hatten wir auch viel Spaß zusammen und wenn es doch mal kriselte, dann galt die Devise: Raus an die frische Luft und einmal um das Haus rennen, dann sehen wir weiter. So kam es immer wieder vor, dass wir zu zweit oder zu dritt mit großen Sprüngen draußen herumhüpften und so viel lachten, dass wir uns meist gar nicht mehr erinnern konnten, warum es ein Problem gegeben hatte. Diese Idee entstand übrigens zusammen mit Aljoscha. Nachdem wir beide einmal einen größeren Zusammenstoß hatten, brachte er diesen Vorschlag, der sich eigentlich immer bewährte.

Es gibt fast jeden Tag größere und kleinere technische Unfälle. So waren wir im Januar etwa drei Wochen ohne Strom - allerdings war das gar nicht so schlimm, wie wir zuerst dachten.

(Bild: Mirjam Estko beim Besprechen der Arbeiten.)

Als Trostpflaster gab es jeden Tag Banja und wenn jemand in Wirklichkeit erleben möchte, wie er erhitzt in die winterliche Kälte kommt und ihm innerhalb weniger Sekunden die Haare auf dem Kopf steif zu Eis gefrieren und bei jeder Bewegung wie Glöckchen klirren, dann sollte er unbedingt der Dorfgemeinschaft einen Besuch abstatten. In Sibirien gibt es wohl nichts Schöneres als diese klaren Winternächte!

Bei allen anderen Zwischenfällen lässt man den Europäer schnell hinter sich und denkt gar nicht mehr daran, irgendeinen Reparateur zu rufen. Selbst wenn es das gäbe, ist man selber viel schneller und qualitativ auch hochwertiger. Zum Glück helfen auch immer alle zusammen und der Mitarbeiter Nikolaj Tamilin kennt fast nichts Schöneres, als uns Mädchen zu helfen oder etwas zu erklären!

Ja, das ist in Istok etwas ganz Besonderes: Die enge Gemeinschaft unter den Mitarbeitern, in der man sich gegenseitig hilft und auch seine persönlichen Probleme miteinander teilt. Das kann auch manchmal eine Belastung sein, wenn man immer bei irgendwelchen Problemen gefragt wird und plötzlich mit wenig Lebenserfahrung ein ganzes Projekt mitorganisieren soll oder sich gar in die Familienproblematik anderer mit reinhängt.

Andererseits entstand für mich auf diese Weise eine ganz enge Freundschaft mit Ludmilla, bei deren Tochter ich nun Patentante sein darf. Dass ich dafür auch noch einmal in der Orthodoxen Kirche auf einen russischen Namen getauft wurde, sei nur am Rande erwähnt. Die Feier danach war wieder einmal typisch für Sibirien! Egal wie einfach das Leben sonst auch sein mag - an solchen Tagen müssen sich die Tische biegen!

Ansonsten kam das kulturelle Leben in diesem arbeitsamen Jahr manchmal zu kurz, die wenigen Glanzlichter strahlten dafür umso heller: ein gelungenes Dreikönigsspiel, eine öffentliche Eurythmieaufführung auf hohem Niveau, bei der sich besonders unsere „Jungs" hervortaten, ein internationales Workcamp im Sommer mit festlichen Abenden, ein Kurs im Herstellen von traditionellen Puppen sowie das gemeinsame Lesen des Märchens „Momo" von Michael Ende.

Die Öffentlichkeitsarbeit war besonders erfolgreich, sie reichte von Ausstellungen über Jahrmärkte, einem Auftritt während des Stadttages in Irkutsk bis zu Projekten mit Studenten aus der Stadt und einem Buffet während der Tagung des IPMT in Irkutsk bei der Produkte aus Landwirtschaft und Küche mit großem Anklang verkauft wurden. In künftigen Jahren soll dieses Angebot noch weiter ausgebaut werden.

Zum ersten Mal haben wir so viele Tiere, dass die Produktion den Eigenbedarf übersteigt. Allerdings bringt das auch so seine Probleme mit sich. Es bleibt zum Beispiel die Frage, was die Kuh im Gemüsefeld macht, das wir dieses Jahr mit einer interessierten Gruppe an Hobbybiodynamikern aus Irkutsk bewirtschaften. Die Aufregung war bei allen groß - jeder kam herbeigestürzt, um Treiben zu helfen. Wer an diesem Tag gehütet hat, will ich nicht verraten. Anfügen lässt sich noch, dass gerade Pilzsaison ist und wenn ein Russe Pilze sieht ...

Nun heißt es für mich warten bis Januar 08, dann werden Aurelia und ich noch einmal für zwei Monate im Dorf sein, bevor es endgültig ans Abschiedsagen geht. Fest steht, dass wir unsere Zukunft ein bisschen umplanen müssen: neben Studium und anderen Aktivitäten muss regelmäßig Zeit bleiben für einen Besuch in unserer Wahlheimat. Schon jetzt sind weitere Projekte geplant, die einen größeren Austausch zwischen jungen Menschen aus Ost und West ermöglichen sollen. Das ist auch wieder so ein typisch russischer Wesenszug, der mir ans Herz gewachsen ist: Jeden Tag ist wieder aufs Neue alles offen und möglich und aus einer idealistischen Idee kann morgen schon etwas entstanden sein!

Doswidanja!!!!

Istok im Spätsommer.

Ehemaliges Militär-Camp aus der Sowjetzeit.

Istok – ein sibirisches Dorf.

(Hans und Marianne Gammeter)

Trotz Schwierigkeiten zeigt sich das Dorf „Istok“ als Ort der großen Hoffnung. Besucher bestätigen immer wieder, dass dieser Platz als kleine Oase betrachtet werden kann …

Mit diesen Sätzen schloss ich meinen Bericht im Juli 2002. Unterdessen erlebten wir einen außerordentlich heißen und trockenen Sommer mit Temperaturen bis zu 38° C. Allzu schnell kam der Herbst, und Felder und Wälder verwandelten sich in ein Farbenmeer. In den vergangenen Wochen zeigte sich die sibirische Landschaft in ihrer vollen, ungeahnten Schönheit. Doch jetzt haben bereits die ersten Herbststürme die gelbroten Blätter von Birken und Espen weggefegt.

(Bild: Besuch im Dorf Istok. Einbezug der umliegenden Dörfer.)

Der eisige Nordwind wirbelt die ersten Schneeflocken als Vorboten des langen Winters durch die Luft. Im August und September war Marianne hier zu Besuch. Beide können wir bestätigen, dass uns Sibirien mit seinen Bewohnern unweigerlich in seinen Bann zog.

Reisen zur Insel Olchon im Baikalsee und in die Berge des Altai waren für uns Höhepunkte. Doch auch das Leben mit den Betreuten in Istok, samt den speziellen sibirischen Lebensbedingungen zeigte uns viele schöne und neue Seiten. Das Schöne zeigt sich für uns zum Beispiel in der Einfachheit und Kargheit des Lebens. Verzicht auf allen gewohnten Komfort des Westens ist nicht unbedingt negativ. Man besinnt sich so wieder mehr auf das Wesentliche. Die Betreuten sind dabei unsere ständigen Lehrmeister. Hingegen haben wir manchmal Mühe mit den Gegensätzen, die das Leben hier prägen. Als Beispiel möchten wir die zwei involvierten Menschengruppen charakterisieren.

Die Dorfinitiativ-Gruppe mit Tatjana Kokina als verantwortliche Person von „Istok“, Larissa, Valentina, Tatjana und Tanja (alles Mütter von Betreuten), unterstützt mit großem Enthusiasmus den Aufbau des Dorfes „Istok“. Sie verhandeln mit Behörden und sind für die Finanzen verantwortlich. Einmal wöchentlich treffen sie sich in „Istok“ zur Besprechung und nehmen Teil an den Freuden und Sorgen des Dorfes. Ja, oft helfen sie selber tatkräftig mit, und versuchen mit ihrem beispielhaften Idealismus die Mitarbeiter im Dorf zu befeuern.

Die andere Menschengruppe setzt sich aus den Mitarbeitern des Dorfes zusammen. Da gab es im Sommer einen Wechsel. Drei Menschen haben das Dorf verlassen: Sergej, der sich mit grosser Liebe und Sorgfalt für das Wohlbefinden der Tiere eingesetzt hat, Agnès aus der Schweiz, die unermüdlich und tüchtig mitgeholfen hat, und Jewgeni der Arzt und Sportler. Unterdessen ist Anatoli dazugestoßen, ein Mann mittleren Alters, tüchtig, fröhlich und fleißig. Zurzeit schnuppert ein Ehepaar aus dem Nachbardorf für eine Woche. Ludmilla und Nikolaj zeichnen sich als tüchtige Leute aus, die gewohnt sind, im praktischen Leben anzupacken. Grosse Hoffnung wird in die beiden gesetzt, vor allem die Hoffnung, dass sie sich dem Gemeinschaftsleben anpassen werden und dabei ihre eigenen Gewohnheiten ablegen können. Ludmilla pflegt den Garten, versorgt die Tiere, verarbeitet Gemüse für den Winter, Milch für den Alltag und macht die Hausarbeit. Nikolaj versteht sich auf grobe Arbeiten in Feld und Wald und ist verantwortlich für alle technischen Dinge, daneben betätigt er sich als Chauffeur von „Istok“.

Diese Mitarbeitergruppe braucht ohne Zweifel Führung und Hilfe in der Strukturierung des Gemeinschaftslebens.

(Bild: Igor - sichtlich stolz - in der Holzwerkstatt der Dorfgemeinschaft Istok.)

Tatiana Kokina ist durchaus die geeignete Person dazu. Da sie aber leider nur die halbe Woche da ist, kann der Feuerfunke der Initiativgruppe nie ganz überspringen auf den Alltag im Dorf. Viel potentielle Kraft von Seiten der Mitarbeiter geht verloren, weil die Menschen nicht gewohnt (oder nicht gewillt) sind, dem Leben eine Form zu geben, eine Lebensform, die für den behinderten Menschen stimmt.

Das Dorf bräuchte dringend erfahrene, begeisterungsfähige Mitarbeiter, besonders im Bereich des Hauslebens, ist doch die Hausgemeinschaft das Zentrum des therapeutischen Tuns.

Nun wollen wir uns aber auch ein wenig den Hauptpersonen von „Istok" zuwenden: Die Betreuten bilden eine fröhliche Schar junger Menschen. Untereinander haben sie es gut, kennen sie sich doch schon seit ihrer Schulzeit. Sie sind liebenswürdig und stets hilfsbereit. Bei der Arbeit sind sie mit Freude dabei, und stolz auf das Ergebnis.

Von den elf Betreuten sind meistens nur sieben bis neun im Dorf. Bei zwei Frauen ist es nicht so klar, ob sie im Dorf leben wollen. Einer der Betreuten ist in einem sehr labilen Zustand, er war nur für kurze Zeit im Dorf.

Kyrill, Tatianas, Sohn hat während der letzten drei Monate eine schwierige Zeit durchlebt. Er brauchte immer Einzelbetreuung und konnte kaum mit den anderen zusammen sein. Sein Zustand brachte uns Mitarbeiter oft an die Grenze unserer Kräfte. In einer solchen Situation wäre es besonders wichtig, ein gemeinsames Ziel verfolgen zu können und täglich die erforderlichen Informationen auszutauschen. Da gibt es noch viel zu lernen ...

Eine wahre Freude ist es, zu erleben, was die beiden Kühe zur Bereicherung des Speisezettels beitragen: frische Milch, Sauermilch, Quark und die feine Smetana (Rahm oder Sauerrahm) gibt es nun in Hülle und Fülle.

(Bild: Ein Ausschnitt des Wohnbereichs im Dorf Istok.)

Der riesige Garten brachte eine Vielfalt von Gemüse hervor, und auch die Kartoffelernte fiel, trotz der großen Trockenheit, recht gut aus.

Die Holzwerkstatt hat nun die kombinierte Säge- und Hobelmaschine in Betrieb nehmen können. Welch eine Freude für den Schreiner!

Im Sommer fielen etliche Renovationsarbeiten an den Häusern und verschiedene Arbeiten im Freien an. Im Winter wird nun die Holzwerkstatt von den Betreuten wieder belebt werden. Auch eine Heizung wurde eingebaut.

Die „Banja“, ein Blockhaus für Sauna und Waschgelegenheit, muss noch fertiggestellt werden. Es ist zu hoffen, dass noch vor dem großen Kälteeinbruch das Dach darauf kommt.

Nach einem längeren Unterbruch wird wieder am Neubau des Wohnhauses „Bagulnik“ gebaut. Zuerst mussten die Fundamente verbessert werden. Zurzeit werden die Hauswände gemacht. Es ist spannend zu sehen, wie mit Kettensäge und Handwerkzeug Balken auf Balken von Hand gesetzt wird! Bis Ende November sollte das Dach gedeckt sein.

Ein Höhepunkt im Dorfleben war das Michaelifest am 29. September, zu dem ca. 60 Gäste eintrafen. Zum ersten Mal fanden sich Vertreter der verschiedenen anthroposophischen Initiativen im Gebiet Irkutsk zu einem gemeinsamen Fest zusammen. Wir verbrachten diesen Tag ausschließlich im Freien. Zur Einstimmung sangen wir gemeinsam einige Lieder und die Dörfler spielten auf einem improvisierten Alteisen-Instrumentarium michaelische Klänge.

Mit großem Interesse wurde der Vortrag von Sergej aufgenommen. Er ist ein Pionier in der biologisch-dynamischen Wirtschaftsweise in Sibirien. Seine Ausführungen über das Aufsetzen von Kompost, waren so lebendig, dass danach keiner untätig herumstehen wollte. Mit Gabeln, Schaufeln und Wasserschlauch machten sich die Teilnehmer eifrig ans Werk. In einstündiger gemeinsamer Arbeit entstand, unter der kundigen Führung von Sergej und seiner Frau Larissa ein perfekt aufgesetzter Komposthaufen. Selbst die Präparate fehlten nicht. Zur selben Zeit entstand mit der Kindergruppe aus gesammelten Herbstblättern ein imposantes Michaelsbild.

Den gemeinsamen Abschluss bildete ein festliches Mahl, zubereitet von fleißigen und geschickten Frauenhänden. Neben dem Erntedanktisch und den Dekorationen aus Birkenlaub ein farbenfroher Anblick! Es war ein hoffnungsvoller Tag für die Zukunft von Istok.

(Das Haus Bagulnik ist kurz vor dem Endausbau im Jahre 2006 abgebrannt.)

In Istok wird ein neues Wohnhaus gebaut. Es wird Tscherjomucha (russ. Faulbeerbaum) heißen.

Wie das Lernen in der «Talisman-Schule» auf mein Kind wirkte.

(Elena A. Elizarewa)

Zurzeit bin ich der Meinung, dass die Schule auf Mascha wohltuend wirkt. Sie geht mit Vergnügen in die Schule, unterwegs fragt sie: «In die Schule?». Sie freut sich auf die Begegnungen mit den Kindern und den Pädagogen. Sie wurde ein wenig selbständiger, konzentrierter und akkurater (sie stellt jetzt ihre Schuhe an den richtigen Ort, legt ihre Kleidung ordentlich zusammen, räumt das Geschirr auf). Die Stereotypen, von denen unsere Wirklichkeit voll ist, sind nicht mehr so streng. Ich würde sagen, die Handlungsspielräume werden immer größer. Die Veränderungen, die mit Mascha geschehen, kommen gerade in der Schule stark zum Ausdruck. Zu Hause hat sich fast nichts geändert: Noch immer spricht sie sehr wenig, beschäftigt sich mit Puzzle und Baukasten, hat wenig Bewegung. Wenn ich zu Hause davon erzähle, dass Mascha in der Schule alle Mitarbeiter mit vollem Namen nennt und in ganzen Sätzen spricht, sagt zum Beispiel die Großmutter zweifelnd: «Ich glaube es nicht». Ich denke, dass wir uns Mascha gegenüber auch zu Hause anders verhalten müssen, anspruchsvoller, wir müssen ihr neue Pflichten geben. Wenn ich die Kinder auf der Straße beobachte, sehe ich, dass Mascha mehr Fähigkeiten erworben hat, auf die wir Eltern nicht vorbereitet sind.

Ihr Gang hat sich auch geändert, wurde sicherer, exakter und schneller.

Der Vater meint, dass Mascha jetzt nachgiebiger, ruhiger, erwachsener, weniger wählerisch beim Essen sei, aber zugleich bemerkt er, dass sie nicht immer sofort eine Bitte erfüllt, sondern sich auch mal weigert. Ich glaube, das ist die altersgemäße Erscheinung des Eigensinnes.

Für eine weitere Errungenschaft halte ich das adäquate Verhalten im Verkehr. Jetzt ist das Fehlen des Sitzplatzes im Bus nicht mehr die Tragödie, die es früher war.

In der Familie hat sich auch vieles verändert. Der Grund dafür ist meine Beschäftigung in der „Talisman-Schule“. Im Laufe von acht Jahren meines Verbleibens zu Hause hatten sich alle Familienangehörigen an mich als Hausfrau gewöhnt. Jetzt werden wir die häuslichen Arbeiten zwischen allen Mitgliedern unserer Familie aufteilen. Als Ergebnis läuft zu Hause nicht immer alles tadellos, aber es beunruhigt mich weniger als früher. Mein Studium und meine Arbeit haben mein Selbstbewusstsein gestärkt. In mir ist das Interesse an einer eigenen Berufsausbildung erwacht. Jetzt kann ich mir mein Leben ohne «Talisman-Schule» nicht mehr vorstellen, ich bin der Meinung, dass es gerade das ist, was nicht nur mein Kind, sondern auch ich selbst brauche.

Und natürlich interessieren mich die Leute, mit denen ich zusammen bin, bei denen ich lerne. Im März, während des Seminars, ist mir klar geworden, dass ich im Laufe des vergangenen Halbjahres so viele interessante Leute kennengelernt habe, mehr als im vorangegangenen ganzen Leben.

Marina am Webstuhl. Dorfgemeinschaft Istok.

Nina: 5. Klasse (2002).

(Larissa Beleewa)

Nina's Mutter erzählt

Nina konnte, bevor sie in die Schule kam, noch nicht einmal einen Stift halten – jetzt kann sie schon schreiben und zeichnen. Sie weiß sich in den öffentlichen Verkehrsmitteln zu benehmen und kann bestimmte einfache Aufgaben und Forderungen erfüllen. Nina ist kontaktfähiger geworden und nicht mehr so chaotisch. Ich habe verstanden, dass ich mit der Talismanschule gefunden habe, was ich für mich und mein Kind brauche. Hier wird nicht nur das Kind ausgebildet, sondern auch wir Eltern. Wir lernen, uns in schwierigen Situationen mit dem Kind richtig zu verhalten und wir entdecken viel Interessantes in unseren Kindern – vieles, woran wir früher nie geglaubt hätten. Die Pädagogen der Schule beraten uns und zeigen uns Wege zur Lösung der Probleme. Nina gefällt es in der Schule. Wir sind glücklich, dass wir Talisman gefunden haben.

Nina, beschrieben von ihrer Lehrerin Jelena Berdytschewslaja

Nina besucht die Talismanschule seit 3 Jahren. Das Mädchen kann nicht sprechen und ist, ihrem Verhalten nach, ein typisch autistisches Kind. Seit den ersten Tagen ihres Aufenthalts bei Talisman zeigte Nina einen „sehr starken Charakter." In der Anfangszeit stießen alle Bemühungen, Nina in den Unterricht einzubeziehen, auf einen starken Widerstand.

(Bild: Nina, Jetzt in der 9. Klasse der Talismanschule, konzentriert beim Abwasch.)

Im Unterricht schaukelte sie mit geschlossenen Augen auf dem Stuhl und gab eigenartige Laute von sich. Ihr einziges Interesse, ihre ganze Energie und ihr Erfindergeist, waren auf die Suche nach Schmackhaftem, nach Süßigkeiten gerichtet. Auf dieser Suche nutzte sie jede Möglichkeit, um in die Küche zu kommen und sie griff dabei auch in fremde Taschen. Wenn sie gestoppt wurde, warf sie sich auf den Boden und verweigerte das Aufstehen. Die Süßigkeiten liebt sie auch heute noch. Doch Nina hat sich sehr verändert. Diese Veränderungen gingen in kleinen Schritten voran. Nina arbeitet gut mit im rhythmischen Teil des Unterrichts, wiederholt gerne meine Bewegungen, lacht fröhlich und macht gerne Übungen mit Bällen und Stäben. Als Erste in ihrer Klasse begann sie beim „Formenzeichnen“ Formen und Buchstaben nachzuziehen. Seit kurzem schreibt sie Buchstaben nach Diktat. Sie kann auch zeichnen. Allerdings zeichnet Nina nur was sie will, doch der Umfang an Bildern in ihren Zeichnungen wird immer größer.

Die Mutter merkt, daß ihre Tochter sich in der Gesellschaft immer besser benimmt: Nina schreit nicht mehr im öffentlichen Verkehr und greift nicht nach Süßigkeiten und Obst auf den Verkaufstischen.

(Larissa Beleewa war zuerst Köchin an der Talisman Schule, wurde später Hilfslehrerin, absolvierte das Heilpädgogische Seminar in Irkutsk und sie ist heute eine tragende Kraft als Klassenlehrerin.)

Elena Blinowa, Lehrerin. Talismanschule.

Ein Schuljahr beginnt.

(Natalja Kulakowa, Olga Tuschitsch)

In der heilpädagogischen Schule Pribaikalski Talisman hat das neue Schuljahr begonnen. Traditionsgemäß haben sich am ersten September alle Mitarbeiter, Schüler und Eltern im Hof der Schule versammelt. Die vielen Blumen und die allgemeine Stimmung voller Erwartung waren sehr schön.

Das Besondere in diesem Jahr: Gleich sechs Kinder im jüngeren Schulalter sind neu zu Talisman gekommen. Sie bringen neues frisches Leben in die Schule und stellen die Mitarbeiter vor neue Aufgaben.

Zwei Mitarbeiterinnen von Talisman - Keramiklehrerin Olga Tuschitsch und Holzwerkstattlehrerin Natalia Kulakova - begannen ihre Arbeit nach der Rückkehr von ihrer Reise in die Schweiz, wo sie in verschiedenen heilpädagogischen Einrichtungen hospitierten. Sie haben Begeisterung und schöpferische Ideen mitgebracht und ihre Stunden sind voll von neuen Inhalten.

Wir möchten mit diesem Buch allen danken, die diese Reise ermöglicht und organisiert haben. Vor allem der Ita-Wegman-Stiftung in der Schweiz, die die Finanzierung übernahm, und insbesondere unserem treuen Freund Peter Marti, der den Aufenthalt bis ins Detail vorbereitet hatte und ihn für uns zu einem unvergeßlichen Erlebnis gemacht hat.

Der erste Monat des neuen Schuljahres ist nun schon vorbei. Die Unterrichtsstunden gehen ihren gewohnten Gang, die Schulanfänger passen sich dem Rhythmus des Tages an, lernen Schüler zu sein, erleben den Unterricht, erproben ihre handwerklichen Fähigkeiten, arbeiten mit. Der Herbst ist eine schöne, bunte Jahreszeit, und solange es noch warm ist, gehen die Kinder viel und mit großem Vergnügen spazieren.

(Bild: Eltern und Lehrer am ersten Schultag.)

Der erste Schultag in den unteren Klassen war einfach rührend. Die Kinder verstanden nicht, was geschah. Warum zum Beispiel sollten sie im Kreis stehen? Der siebenjährige autistische Pascha weinte bitterlich, weil er zum ersten Mal in seinem Leben ohne Mutti geblieben war. Tatiana Vladimirovna Gerassimova, die in diesem Jahr die erste Klasse übernommen hatte, zeigte in dieser Situation erneut ihre pädagogische Begabung. Der warme, ruhige Ton, die Sicherheit, mit der sie die verwirrten Kleinen führte, waren bewundernswert.

Wenn der Unterricht beendet ist, helfen die Kinder im Gemüsegarten: Ernten und das Gemüse für den Winter verarbeiten

Am 19. September feierten wir das Herbstfest. Es war lustig und schön. Wir sangen Herbstlieder, lasen Gedichte vor, lösten Rätsel und spielten. Die Kinder und die Mitarbeiter hatten viel Spaß.

Alle Mitarbeiter, Eltern und Kinder unseres Zentrums danken den Freunden der Talisman-Schule für ihre Freundschaft und Unterstützung.

Zaretschnaja (am Fluss).

(Peter Marti)

„Es ist Mittwoch, der 10. Oktober 2007. Heute feiert die Dorfeinrichtung „Zaretschnaja" („Am Fluss") in Ust Balej Geburtstag. Vor acht Jahren nahm die Einrichtung ihren sehr bescheidenen Anfang.

Wir, die Talisman Schule und die Dorfgemeinschaft Istok, sind zu diesem Ereignis eingeladen. In Russland findet man viele Gelegenheiten zum Feiern.

Schon früh am Morgen erhalte ich in meiner Wohnung in Irkutsk die ersten Anrufe. Danach werfe auch ich einen Blick durchs Fenster. Und wirklich, der erste Schnee ist gefallen. Das heißt: Möglichst vor der Fahrt nach Ust Balej noch die Winterreifen montieren! Wie das so ist, wenn der erste Schnee fällt, wollen viele Autobesitzer gleichzeitig auf Winter umrüsten. Wir ja auch. Ein Gedränge entsteht bei den Reifenwechslern. Viel zu lange ginge es, bis die Reihe an mir wäre, um dann auch noch zur rechten Zeit bei unserem Gastgeber einzutreffen.

(Bild: Dorfgemeinschaft Zaretschnaja.)

Etwas vor der geplanten Zeit starten wir bei der Talisman Schule. Mit dabei sind Elena, die Schulvorsteherin, Olga, Lehrerin der neunten Klasse und drei Schüler, Nina, Sascha, Andrei. Aljoscha, der kleine Feine aus Elenas Klasse, ist auch dabei.

Es ist elf Uhr, die Sonne scheint und die Strasse ist bereits schneefrei. Kurz nach Irkutsk schwenken wir auf den Alexandrowski-Trakt ein. Weit über Irkutsk, mit beeindruckender Sicht auf Stadt und Angara, geht es in die Hügel. Zum Glück wurde die Strasse auch hier schon von der Sonne beschienen. Nur an schattigen Stellen gab es noch Stellen mit Eis. Früher am Morgen musste die Fahrbahn sehr schwierig zu befahren gewesen sein. An einigen Stellen sah man auch Fahrzeuge, welche über die Böschung hinunter gekippt waren und mit Kranfahrzeugen aus der kritischen Lage befreit werden mussten.

Wir überqueren die Kuda, welche sich etwas später, in Ust Kuda, mit der Angara vereinigt. Rechts der Blick auf das Dorf Urik mit der imposanten Kirche. Urik ist bekannt durch Dekabristen, welche sich nach dem Straflager hier aufhielten. So auch Sergej Wolkonski mit seiner Frau Maria Wolkonskaja.

Der Alexandrowski-Trakt führt durch Gegenden, die sehr eindrücklich die unendliche Weite dieses Landes veranschaulichen. Abgeerntete Getreidefelder zeigen sich in kontrastreicher goldgelber Farbe zum Blau des Himmels. Wir sehen Felder, die einige 100 Hektaren umfassen. Futtergetreide, meist eine Mischung von Hafer und Gerste, werden hier kultiviert.

Später folgt die Taiga, für Westler etwas Geheimnisvolles, Unvorstellbares. Taiga ist mehr als nur Wald: Taiga hat auch etwas zu tun mit Unendlichkeit

Vor der Zeit treffen wir bei der Einrichtung Zaretschnaja ein. Alle wissen: Der Schweizer trägt eine Schweizer Uhr, welche zur Pünktlichkeit gemahnt.

Die Dorfeinrichtung liegt am Flüsschen Balej, eben „Am Fluss". Viele geladene Gäste treffen ein. Festesstimmung kommt auf, wie es eben für Russland typisch ist. Wir werden durch Wohneinrichtung und Werkstätten geführt. Dann folgt der offizielle Teil. Persönliche Begrüßung der Gäste. Sogar Amtsvertreter der Stadt Irkutsk sind anwesend. Geschenke werden überreicht, Ansprachen werden gehalten. Auch ich, als Vertreter des Westens, werde begrüßt. Jetzt bietet sich die Gelegenheit, die besten Grüße und Glückwünsche aus Deutschland und der Schweiz zu überbringen. Ein geeigneter Anlass, symbolisch das von zwei Stiftungen aus Darmstadt und Düsseldorf gespendete Fahrzeug zu überbringen.

Es folgen Darbietungen von den Dörflern, begleitet von Viktor und Tatjana, der Dorfleitung. Auch Talisman tritt auf mit Gesang und Klavierbegleitung.

Ein Fest ohne Festesessen wäre noch lange kein Fest. Das gilt ganz speziell für Russland. Was da alles aufgetischt wurde! Typisch russisch ...

Ein gediegenes Fest geht zu Ende und wir treten die Rückfahrt an. Jetzt bei tieferem Sonnenstand. Ganz anders zeigt sich die Landschaft. Oft denke ich, halte doch an und knipse ein Bild. Leider denke ich es nur. Da ist zum Beispiel der weite Horizont, Gruppierungen mit Birken, geschwungene Landschaft. Am Himmel, über der Erde, horizontal verzogene Wolkengebilde. Ein Panoramabild sondergleichen. Ich sehe es immer noch vor mir.

Kurz vor Irkutsk geht es wieder in die Hügel. Ein Knall von der Seite wie aus einer Flinte! Hinten rechts neigt sich das Fahrzeug. Ich gebe gleich ein „Aj, aj, aj!" von mir ... und gleich darauf alle im Chor: „Aj, aj aj!"! ... „Schon lange keine Reifenpanne mehr gehabt", dachte ich mir. In der Regel geschieht so etwas nicht weniger als einmal pro Woche ...

Wir fahren in einen Nebenweg. Reifenwechsel mit Hilfe vor allem von Andrej. Er reicht mir den Wagenheber, versucht die Radschrauben zu lösen und dazwischen kommt er immer wieder mit seinem „Aj aj aj ..." Aljoscha, der kleine Feine, will auch mit dabei sein, er verfolgt unser Tun aus nächster Nähe und kommentiert mit seinem knappen Wortschatz.

Auch das wiederum ein Tag in Sibirien voller Eindrücke und Erlebnisse der besonderen Art.

Der Empfang von Gästen wird vorbereitet. Dorfgemeinschaft Zaretschnaja.

Rückblick.

(Elena Berdytschevskaja, Leitungsausschuss der Talismanschule)

Ich grüße dich, lieber Leser!

Ich heiße Elena, Elena Berdytschevskaja. Ich lebe in Russland, in der sibirischen Stadt Irkutsk, die sich am Ufer des schönsten Flusses der Welt, der türkisblauen Angara, befindet. Nicht weit von Irkutsk liegt der kalte majestätische Baikalsee. Irkutsk ist eine schöne alte Stadt, typisch sibirisch, mit den Steinstraßen und Kathedralen im Stil des russischen Barocks, mit Holzhäusern, geschmückt mit Holzschnitzereien. Ich lebe erst seit 14 Jahren in Irkutsk und gerade das Leben in dieser Stadt hat mich in eine wunderbare Einrichtung gebracht, von der ich der ganzen Welt erzählen will.

(Bild: Elena Berditschewskaja im Leitungsausschuss der Talismanschule.)

Vor 15 Jahren versprach das Leben nichts Ungewöhnliches. Meine beiden Söhne, der sechsjährige Shenja und der zweijährige Igor, wuchsen heran.

Bald, so schien es, sollte Igor in den Kindergarten kommen, und ich wieder arbeiten gehen. Ich hatte das Konservatorium beendet und habe vor Igors Geburt erfolgreich in der Musikschule unterrichtet. Einige Seltsamkeiten in Igors Verhalten verblüfften mich ein wenig, aber ich konnte mir nicht vorstellen, was weiter geschehen würde. Die Krise brach unerwartet aus, zwei Monate vor Igors drittem Geburtstag. Jenen, denen Autismus bekannt ist, braucht man weiter nichts zu erzählen: Es gab eine richtige psychische Krise, und ich erfuhr, dass mein jüngerer Sohn ein besonderes Kind ist, ein Autist. Für mich war es eine Erschütterung. Ich sehe auch jetzt diese Grenze klar: Das Leben „vorher" und das Leben „danach". Weiter folgten vier Jahre der Hölle, Leidenswege.

Genauso wie andere Eltern auch, habe ich lange Zeit auf der Suche nach der wundertätigen Behandlung verbracht - selbstverständlich erfolglos. Die Situation war so, dass ich nur eines denken konnte: Das

Leben ist sinnlos geworden. Ich konnte nicht arbeiten, weil ich immer mit Igor sein musste. Mit ihm zu sein, war für mich eine tägliche Prüfung: Ich verstand ihn nicht und da weinte er die ganze Zeit. Jeden Tag gab es Wutanfälle, und ich weinte zusammen mit ihm. Ich dachte, ich kann nichts Interessantes mehr für die Gesellschaft tun, meine Musikerausbildung geht verloren. Igor und ich wurden Ausgestoßene - man nahm ihn im Kindergarten nicht. Ich wollte ihn immer von den neugierigen Blicken und Verspottungen auf der Straße, in den öffentlichen Verkehrsmitteln, in den Geschäften bewahren, ich sollte stets den erstaunten oder unzufriedenen Leuten erklären, was mit meinem Kinde nicht stimmt. Jeder Tag glich einem Spießrutenlauf. Als der ältere Sohn eingeschult wurde, nahm Igor seine Schultasche und ging in der Wohnung herum, wiederholend: „In der Schule lernen“. Ich tat, als ob ich durchs Fenster sehe und weinte schweigend, damit er es nicht sah. Wie ich ihn liebe, brauche nicht zu erzählen. Es ist Liebe – eine Krankheit, ein Leiden – Liebe, die die Seele umkehrt und im Herzen weh tut.

Warum erlaube ich es mir, über mein Schicksal so ausführlich zu berichten? Weil es die Situation ist, in die Hunderte von Menschen geraten, in deren Familie ein krankes Kind hineingeboren wird, besonders wenn die Krankheit mit einer Intelligenzschädigung verbunden ist.

Sogar jetzt, da ich schreibe, im Jahre 2008, funktionieren keine Schutzmechanismen für Familien mit behinderten Kindern in unserem Land. Die Geburt eines intelligenzgeschädigten Kindes bedeutete und bedeutet auch heute noch, dass die Familie in eine katastrophale Situation gerät.

(Bild: Welch gewaltiger Unterschied zu den Zeiten ohne die Möglichkeiten der Talismanschule im Umgang mit Kindern, die heilpädagogische Bedürfnisse haben. Marina Romanowa mit Dascha.)

Der Staat bietet nur zwei offizielle Möglichkeiten: Das Kind in ein geschlossenes Internat abzugeben und: Wenn die Eltern sich nicht von ihrem Kind trennen wollen (Gott sei Dank, denn das ist eine normale, gesunde und christliche Entscheidung!), wird die Rente ausgesetzt (die ungefähr 50 Prozent vom Mindestgehalt ausmacht) und das Kind bleibt in der Familie. Dabei wird die Frage seiner Entwicklung, Bildung und Erziehung völlig in die Verantwortung der Eltern gestellt. Es gibt keine staatlichen Ausbildungseinrichtungen und über „Pribaikalski

Talisman" konnten uns weder Ärzte, noch Angestellte in der Behörde des Sozialamtes Auskunft geben. Tatsächlich wird das Kind zum Gefangenen in den vier Wänden seiner Wohnung, und seine Familie ist in der sozialen Isolierung. Die Mutter ist gezwungen, mit dem Kind zu Hause zu bleiben, kann nicht in ihrem Fachbereich arbeiten, verliert ihre berufliche Qualifikation und befindet sich im chronischen Stresszustand, da alle Pläne fürs Leben zerstört sind.

Viele Familien zerfallen deswegen, die Leute ertragen die psychische Belastung nicht.

Wie viele Geschichten sollte ich in diesen 14 Jahren hören, die einander ganz ähnlich sind!

Die Erschütterung der Mutter, wenn sie erfährt, dass ihr Kind aus den Standards der Kindheit „herausfällt". Die Verzweiflung, die unendlichen Besuche bei den Ärzten - verschiedensten Ärzten - jahrelang. Untersuchungen, Behandlungen, Hoffnungen, die wie Seifenblasen platzen.

In der zweiten Hälfte des Vorschulalters kommen noch Besuche bei Psychologen und Logopäden hinzu, die ebenso wenig Ergebnisse wie Trost bringen, außer dem Selbsttrost: „Ich mache ja alles, was ich kann!"

(Bild: Igor, Sohn von Elena.)

So vergehen die Vorschuljahre. Für das soziale Leben ist das Kind verloren. Jedes Erscheinen an einer öffentlichen Stelle - sei es der Versuch mit dem Kind auf der Straße spazierenzugehen, ein Einkaufsbummel oder der Besuch der Polyklinik - wird eine Prüfung für die Mutter wegen der Reaktion der Umgebung: Neugierige Blicke, rücksichtslose Fragen, Kommentare, oft Verspottungen.

Mit dem Eintritt ins Schulalter wird die Situation noch dramatischer. Wir wissen, wie schwer die Erkrankung des Kindes auch sein mag: In ihm lebt das natürliche menschliche Bedürfnis, die Umgebung zu erkennen, zu schaffen, zu verändern, sich zu äußern. Und solche Möglichkeit gibt es einfach nicht!

Jetzt, 14 Jahre später, kann ich die Situation als Ganzes überblicken. Damals war es einfach meine persönliche Sackgasse, aus der ich keinen Ausweg finden konnte. Es kommt mir in diesem Zusammenhang ein wunderbarer Ausspruch in den Sinn, ich weiß nicht, von wem er stammt: „Wir denken, dass wir unser ganzes Leben sehen. Aber wir sehen es nur bis zur nächsten Wende". Eine solche Wende geschah in meinem Leben (richtiger zu sagen, in unserem Leben mit Igor) 1998, als ich erfuhr, dass es in meiner Stadt die Organisation, *„Pribaikalski Talisman"* gibt, die mit „solchen" Kindern arbeitet. Ich weiß nicht, worauf ich hoffte, als ich auf die Suche nach diesem geheimnisvollen *„Pribaikalski Talisman"* ging. Ich sah, dass Igor nicht im Zustand ist, irgendwelche Anforderungen zu verstehen oder zu erfüllen: Zum Beispiel, auf der Schulbank zu sitzen und jemandem zuzuhören. Er war wie „eine Katze, die ganz für sich allein spaziert". Aber ich wünschte so sehr, dass man ihm unter Kindern zu verweilen erlaubt! Nur verweilen, wenn auch nur manchmal!

Und so habe ich das Haus an der gegebenen Adresse gefunden. Es war August, es war kein Unterricht. Ich sah ein hölzernes Häuschen und eine gewöhnliche, sehr karg eingerichtete Dreizimmerwohnung, die gerade renoviert wurde. An der Renovierung waren drei Menschen beteiligt: Ein junger Mann - ein Deutscher, mit ihm ein anderer geheimnisvoll aussehender junger Mann, der seine Haare zu einem langen Rossschwanz zusammengebunden hatte, und eine Frau, die sehr beschäftigt war. Die Frau - es war *Valentina Livindina* - hat mir gesagt: Wenn ich wolle, dass mein Kind die Talismanschule besucht, solle ich ins dreijährige Seminar zum Studium gehen. Und damals habe ich zum ersten Mal die Wörter „Heilpädagogik von Rudolf Steiner" gehört. So fand dieses Treffen statt, das zum Ausgang aus der Sackgasse, zum Eingang in eine andere Welt, voll von Tätigkeit, Arbeit und Entdeckungen wurde.

(Bild: Masleniza, die Hexe wird verbrannt. Sinnbild für das Überwinden vergangener dunkler Zeiten.)

Ich brauche nicht weiter ausführlich über uns und Igor zu berichten, seit dieser Zeit ist unser Leben eng mit Talisman verbunden. Ich bin zum Seminar gegangen. Später habe ich angeboten, die Musikstunden zu geben, was mit großem Zweifel und vielen Vorbehalten angenommen wurde, und das war richtig, weil meine Vorstellung von Musikunterricht wirklich fern der Bedürfnisse einer heilpädagogischen Einrichtung war. Ich habe es in den ersten Stunden verstanden, ich wollte viel lernen, und es hat alle meine ehemaligen Vorstellungen vom Musikunterricht auf den Kopf gestellt!

Igor wurde in die zweite Klasse aufgenommen, und es war der einzige Fall in der ganzen Geschichte der Schule, dass das Kind die Mutter nicht von sich weggehen ließ. Man konnte einfach nichts machen: Sobald ich versuchte, die Klasse zu verlassen, stürzte er sich mit verzweifeltem Schreien hinter mir her. Das Kollegium war gezwungen, mir zu erlauben, beim Unterricht dabei zu sein. Offensichtlich, war das nicht zufällig: Gerade das erlaubte mir, mich in die Heilpädagogik zu verlieben und Klassenlehrerin werden zu wollen.

Schon im nächsten Schuljahr übernahm ich meine eigene Klasse mit riesigem Enthusiasmus!

Jetzt bin ich schon seit 10 Jahren in der Talismanschule. Es sind schöne Jahre. Was ich im Laufe dieser zehn Jahre beobachte, ist wahrhaft außerordentlich, bewunderns- und achtenswert, gerade darüber will ich der ganzen Welt erzählen!

Wie konnte eine solche Organisation, wie die Heilpädagogische Schule *„Pribaikalski Talisman“*, erscheinen, wie kann sie leben, - es scheint, dass sie trotz allem „Unmöglich“ existiert!

Wenn auch jetzt, wo ich diesen Rückblick schreibe, im Jahre 2008, die Situation der Ausbildung behinderter Kinder von einer definitiven Lösung fern ist, so sah sie noch in den 90er-Jahren vollkommen hoffnungslos aus. Die schwersten Jahre in der politischen und wirtschaftlichen Geschichte Russlands! Umgestaltung, Inflation und Zerfall der Wirtschaft. Probleme der behinderten Kinder und ihrer Eltern – wen ging das etwas an? Und gerade in dieser Zeit wurde „Pribaikalski Talisman“ geboren.

Jetzt, 18 Jahre später, kann man es nicht anders, als „ein Wunder“, nennen. Es ist so. Eine Kerze ist in der vollsten Finsternis entzündet worden. Es hatte eine erstaunliche Geschichte, die Geschichte von „Pribaikalski Talisman“ angefangen. Die Frucht der gemeinsamen Bemühungen ganz verschiedener Menschen: der Mütter, der Heilpädagogen und der Menschen guten Willens. Wir können sehen, wie das, was zufällig scheint, in die Reihe der Ereignisse eingegliedert ist und für die Verwirklichung der hohen Idee arbeitet.

Man möchte hinter den äußeren Ereignissen die tieferen Grundlagen sehen: Die Hilfe der geistigen Welt, die gekommen ist, weil es einen verzweifelten Versuch gab, die trostlosen Umstände zu überwinden. Und das Unmögliche wurde möglich!

Anfang der 90er-Jahre entstand in Irkutsk der Verein für Waldorfpädagogik. Die Leute, die nach neuen Möglichkeiten für die Erziehung und Entwicklung ihrer Kinder suchten, lernten neue Wege kennen.

Und in diesem Verein haben sich zwei Frauen - *Tatjana Kokina* und *Tatjana Gerassimova* - getroffen. Beide hatten behinderte Kinder, beide begriffen, welches Los sie erwartete, wenn sie sich damit abfanden, was die existierenden Verhältnisse anboten. Im Verein für Waldorfpädagogik erfuhren sie, dass man sich im Westen mit solchen Kindern seit langem - schon mehr als 80 Jahre - erfolgreich beschäftigt und dass eine große Zahl von Einrichtungen mit riesiger Arbeitserfahrung existierte. Es war eine richtige Entdeckung! Doch erlaubte der eiserne Vorhang, der Russland 70 Jahre lang von der Welt isolierte, den neuen Ideen, den ausländischen Erfahrungen nicht, bis hierher durchzudringen. Es gab keine Informationen, alles war taub und hoffnungslos.

Den Frauen gelang es, nach Finnland zu fahren und in der Einrichtung „Silvia Koty" zu hospitieren. Sie haben in der Praxis mit eigenen Augen gesehen, wie der Prozess organisiert ist. Es fing eine riesige mühsame und schwere Arbeit an - die Übertragung der westlichen Erfahrung auf das russische Leben. Wenn man den geographischen Aspekt - die Entfernung von Irkutsk (im Vergleich zu Moskau) bis zu jedem westlichen Land - berücksichtigt, so scheint es unglaublich, dass das alles hier in Sibirien möglich wurde.

Nach der Rückkehr nach Irkutsk begannen die ersten Schritte. Man hat die Kinder gesammelt. Es waren Kyrill, Kostja, Nika. Man hat begonnen, sie in einer gewöhnlichen Stadtwohnung zu unterrichten.

(Bild: Elena als Beispiel, jetzt in der 9. Klasse. Diese Entwicklung von der 1. zur 9. Klasse: ein Wunder.)

Es war gleichzeitig sowohl die Ausbildung der Kinder, als auch die Ausbildung der Lehrer. Dazu war die enge Verbindung mit den westlichen Lehrern notwendig, denn die Heilpädagogik ist das riesige, tiefe, feine Wissensgebiet, wo alles sich in einen einheitlichen untrennbaren Prozess verflicht: Philosophie, Lebenseinstellung, Weltanschauung, Verständnis des Kindes vom anthroposophischen Standpunkt, Beziehung zu ihm, Wechselbeziehungen der Eltern mit der Gesellschaft, dazu noch die methodisch-didaktischen Feinheiten. Die Intensität des Lebens unserer Gründerinnen war derartig, wie sie nur in seltenen Fällen stattfindet, wenn eine Handvoll gleichgesinnter Menschen die revolutionären Umgestaltungen in irgendeinem Tätigkeitsbereich durchsetzt.

Man kann sich in diesem Zusammenhang an das so genannte „Mächtige Häuflein" in der Geschichte der russischen musikalischen Kultur erinnern. Man kann an sowjetische Genetiker denken, die ihre Forschungen und Entdeckungen in der Situation der Verfolgung und Bedrohung seitens der Behörden durchführten. Man kann sich an die Geschichte der russischen Raumfahrt erinnern - und keiner dieser Vergleiche ist eine Übertreibung: So viel Enthusiasmus, Hingabe und Seelenkräfte wurden eingesetzt, damit in Irkutsk die Heilpädagogik und später die soziale Therapie, das Dorf "Istok", erschienen.

Große Hilfe und Unterstützung kam von unseren Freunden aus dem Westen. Westliche heilpädagogische Einrichtungen, erfahrene Fachleute, haben dem in Sibirien geborenen Vorhaben die größtmögliche Unterstützung geleistet.

Die Mitarbeiter der Einrichtungen der Schweiz, Schwedens, Deutschlands, Finnlands haben die riesige Arbeit geleistet, ihre Erfahrungen reichlich geteilt: Sie kamen und kommen nach Irkutsk, unterrichten, zeigen und teilen ihre Kenntnisse mit uns. Viele Mitarbeiter der Talisman-Schule haben auch die Möglichkeit bekommen, selbst in den Westen zu fahren, um mit eigenen Augen zu sehen, wie das alles funktioniert, und den Impuls, die Kenntnisse und die nötige Kraft zu bekommen. Immer erwartet uns der teilnahmsvolle und herzliche Empfang im Westen, die Bereitschaft, die Erfahrung zu teilen, zu zeigen, zu erzählen, zu lehren.

Seit 1992 arbeitet in Irkutsk das dreijährige heilpädagogische Seminar, organisiert von Anneli Gaeffe, die aus Finnland kam und mehr als 10 Jahre in Irkutsk lebte. Die Heilpädagogische Talisman-Schule ist nur eine der Initiativen der Waldorfpädagogik von Rudolf Steiner in Irkutsk. Seit den 90er-Jahren existieren in Irkutsk die Waldorfschule und der Waldorfkindergarten, die sich gegenseitig helfen, sich zu entwickeln.

Die18jährige Geschichte der Talisman-Schule, eine sehr schwierige Geschichte, schließt eine Menge von interessantesten und mit einander verwobenen Ereignissen, Treffen, Schicksalen, Entdeckungen und Leistungen mit ein. Es ist eine besondere Welt. Über jeden ihrer Aspekte lohnt es sich, ausführlicher zu erzählen.

Die leitende Gruppe.

Die Gründerinnen von Talisman - *Tatjana Kokina, Tatjana Gerasimova, Larissa Sorokovikova,* und die sich später angeschlossene Frau - Vulkan *Valentina Livindina* - sind die Ideen tragenden führenden Persönlichkeiten, die ständig alle sich ereignenden Prozesse in die nötigen

Bahnen lenken. Das Wichtigste ist, die Idee zu bewahren, die Organisation zu entwickeln. Es kommen verschiedene Leute, sogar mit dem aufrichtigen Wunsch, zu helfen und zu arbeiten. Aber ein jeder Neuankömmling braucht Erziehung und Ausbildung, und das kann sehr schwierig sein.

Die Heilpädagogik als eigenen Tätigkeitsbereich zu wählen bedeutet, sich diese ganze dahinterstehende Philosophie zu Eigen zu machen. Sehr oft ereignet sich folgende typische Situation: Wenn man etwas über die esoterische Grundlage erfährt, bringen die Leute alles, was in der Literatur an Esoterik verfügbar ist. Aber die Anthroposophie wird oft als zu kompliziert empfunden, die Menschen bevorzugen häufig etwas Einfacheres und Verständlicheres. Die leitende Gruppe hält alle Jahre „die Hand auf den Puls". Es ist der Aufgabe des Kapitäns eines Schiffes und des Lotsen in der Bucht mit dem komplizierten Grund ähnlich, das Schiff zu lenken und nicht auf Riffe aufzustoßen. 18 Jahre lang sollte man es jeden Tag machen.

(Bild: Tatjana Kokina eine der Gründungsmütter. Jetzt mit übergeordneter Funktion.)

Menschen wie Peter Marti, die uns aus der Schweiz geschickt werden, sind für uns eine große Hilfe. Peter Martis Rolle in der Geschichte der Talisman-Schule ist prägend! Dieser Mensch, stets einsatzbereit, mit großer Erfahrung und erstaunlicher Ideenfähigkeit, betreut Talisman schon seit 17 Jahren; später auch das Dorf "Istok", dessen treuer Freund, besser noch „Taufpate" er ist. Eines der von Peter organisierten Arbeitsfelder ist die regelmäßige Arbeit des ganzen Personals am Leitbild der Schule. Es scheint mir, dass gerade dank dieser regelmäßigen Arbeit Talisman solch eine starke und wunderbare Organisation geworden ist.

Diese regelmäßige Analysen, während derer wir in gemeinsamer Arbeit bestimmen, wo wir uns befinden und welche Probleme und Aufgaben aktuell sind, erlauben uns, den Prozess objektiv zu machen. Und das, was zwischenmenschliche Konflikte zwischen den Mitarbeitern herbeiruft, wird von allen als gemeinsame Aufgabe betrachtet. Wir suchen nach Wahrheit und streben zu ihr. Es ist eine regelmäßige, reinigende Arbeit, durch welche die Atmosphäre geheilt wird. Neue Kräfte und Enthusiasmus erscheinen.

Die leitende Gruppe, *Peter Marti* und die mitwirkende West-Ost-Initiative, sind drei Stützen, auf denen das ganze Gebäude von Talisman ruht. Wie sieht Talisman heute aus?

***

Jeden Morgen an Wochentagen bringen die Eltern ihre Kinder in den Irkutsker Stadtbezirk Marata. Die Kinder ziehen unwillkürlich die Aufmerksamkeit der Umgebung auf sich. In ihrem Äußeren sowie ihrem Verhalten bemerkt man etwas, was sie von ihren Altersgenossen unterscheidet. Wenn man die Erwachsenen fragt, wohin sie gehen, antworten sie: „In die Schule!" Solche Fragen stellen die Leute nicht selten, und schauen mit Anteilnahme auf die Kinder. Es kommt vor, dass dies nur der Anfang eines Gesprächs ist, dann erzählen die Mütter ausführlicher: Was für eine Schule es ist, und was sie im Leben dieses Kindes bedeutet.

„Pribaikalski Talisman" ist das Adaptations-pädagogische Zentrum für behinderte Kinder mit Intelligenzstörungen. Solche Kinder können in keiner der heutzutage existierenden staatlichen Schulen lernen. Tatsächlich sind die intelligenzgeschädigten Kinder des Wesentlichen beraubt, was das Leben des Menschen vollwertig macht: Der Möglichkeit, sich unter Altersgenossen zu entwickeln, sein Potential zu verwirklichen. Und genau das ist das Recht eines jeden Menschen!

Diese Möglichkeit wird ihnen in „Pribaikalski Talisman" gewährt. Siebzehn Jahre der praktischen Arbeit von „Talisman" erlauben, die wunderbaren Bilder der Entwicklung der Kinder zu sehen, die einfach von der Gesellschaft für untauglich erklärt worden sind.

22 Kinder im Schulalter besuchen das Zentrum jeden Tag, genau so, wie ihre gesunden Altersgenossen eine gewöhnliche Schule. Der Unterricht wird in vier Gruppen (Klassen) durchgeführt, die altersgemäß zusammengestellt sind. Es gibt keine Teilung nach dem Prinzip der intellektuellen Beschaffenheit. Alle Kinder bekommen die gleichen Möglichkeiten während des Unterrichts, obwohl ihre individuellen Fähigkeiten bei der Arbeit berücksichtigt werden. In der Gruppe lernen vier bis sechs Schüler. Ihre Beschäftigungen im Laufe des Tages: Bekanntschaft mit der Umwelt, Rechnen, Lesen und Schreiben, kreative Arbeit - Plastizieren, Applikation, Handarbeit. Eine wichtige Rolle in der Entwicklung des Kindes spielt die Arbeit in den Werkstätten: Keramik- und Holzwerkstatt, Weberei. Und, natürlich, Mal- und Musikstunden. Deren Rolle für die Entwicklung des schöpferischen Potentials des Kindes und für die Stabilisierung seines geistig-seelischen Zustandes ist unschätzbar. Zu jedem Jahresfest - Michaeli, Weihnachten, Ostern, Abschluss des Schuljahres - werden die wunderbaren

Aufführungen gezeigt, wo bald Kinder, bald Mitarbeiter abwechselnd zu Schauspielern werden. Im Sommer fahren alle ins Sommerlager, verbringen zwei Wochen auf dem Lande, spazieren durch den Wald, schwimmen und sonnen sich.

Im Zentrum arbeiten 12 Mitarbeiter. Es sind vier Klassenlehrerinnen, Helferin, Musiklehrerin, Mallehrerin, drei Meister (für Handarbeit, Holzbearbeitung und Keramik), Köchin, Buchhalterin. Die Klassenlehrerinnen und zwei Meister haben das Irkutsker Heilpädagogische Seminar beendet, die Holzwerkmeisterin begann in diesem Jahr, das Seminar zu besuchen.

Es ist natürlich nur eine Skizze, ein allgemeiner Plan, gefüllt mit Leben, Energie und Ereignissen sowie mit dem Wesentlichen: den Kindern, ihrem Lärm und Gelächter, ihrer Arbeit und Erfolgen.

Im Laufe der vergangenen Jahre haben mehr als 70 Kinder im „Talisman" die Möglichkeit bekommen, vollwertig menschlich zu leben, einschließlich der Bekanntschaft mit der Welt, kreativer Tätigkeit und Handwerk, mit Feiertagen, Aufführungen, Wanderungen, Exkursionen. Und jedes Kind ist immer eine besondere Seite im Leben der „Talisman-Schule". Die Bilder können davon besser erzählen.

Zusammen mit den Kindern lernen und entwickeln sich die Mitarbeiter. Es ist wunderbar und sehr bedeutend, dass der Westen diesen starken Einfluss auf die ästhetische Entwicklung der Talisman-Einrichtung erlangt hat. Durch westliche Kollegen gelehrt, fanden die „Talisman"-Leute Geschmack an der Handarbeit, haben gelernt, einfache wunderbare Sachen zu machen, Puppen zu nähen, Wolle zu filzen, Papiersterne und Buntglasfenster zu machen, - alles aufzuzählen ist unmöglich. Das alles schmückt nicht nur unsere bescheidene Schule, sondern bringt auch riesige Freude am Schaffen. Behänge, Zweige von Bäumen, Zwerge und Engel, die Klassenzimmer und Vorstellungen durch Schönheit und Wärme schmücken, schaffen das Gefühl der Ruhe – auch das haben wir auch in westlichen Schulen gelernt. Das ist eine echte Entdeckung, wenn der Mensch sieht: Ich kann selbst Schönheit schaffen, und dafür ist gar nicht viel Geld nötig! Ich, wie alle andern, wer auch immer in Talisman zu arbeiten beginnt, alle kommen zur Einsicht. So als ob wir aus dem Banne der Plastikwelt erwachten, um den Segen zu sehen, den uns die Natur gibt: Holz, Wolle, Papier. Später kommt auch die Befreiung von der Suggestion der Massen-Pseudo-Kultur, von der Fernsehüberschwemmung mit den verlogenen Unterhaltungsprogrammen. Wir ändern uns, wir ändern uns unauffällig für uns selbst, aber auffallend für die Umgebung!

Wir lernen schon aus den neuen inneren Bedürfnissen. Im „Talisman" hat sich eine ernstzunehmende Bibliothek angesammelt. Die

Werke von Steiner und König, Prokofjev und Lievegoed sie sind gefragt. Wir wollen immer mehr erfahren und verstehen.

Menschen und Schicksale

Es ist interessant, die Geschichte von „Talisman" nach verschiedenen Richtungen zu verfolgen. Da ist die Verbreitung der Anthroposophie in Sibirien, die zahlreichen Kontakte mit dem Westen, die Verbreitung der eigenen Erfahrungen von „Talisman" und, natürlich: Es ist die wichtige Rolle, die „Talisman" im Leben vieler Menschen gespielt hat! Jedes menschliche Leben, jedes Schicksal ist für die Welt wertvoll.

(Bild: Tatjana Gerasimova, das Kind im Mittelpunkt.)

Dank „Talisman" wurden einige Dutzend Schicksale (ohne Übertreibung gesagt) gerettet. Natürlich ist die Rede nicht von der Existenz, nicht vom Leben in seinem physischen Sinn. Betrachten wir noch einmal unseren Ausgangspunkt: Die Situation, in die eine Familie gerät, wenn das Kind in der Gesellschaft zum Ausgestoßenen wird. Es bleibt jeden Tag mit der Mutter zu Hause. So vergeht Jahr für Jahr - in der Isolierung, im Verlust des Berufs. Im Leben bleiben nur das Kind und die Not. Welche Rolle hat nun die Talisman-Schule gespielt, welche Möglichkeiten hat sie gegeben?

Die Besonderheit von Talisman seit seiner Entstehung und bis zu dieser Zeit besteht darin, dass den größten Teil der Mitarbeiter die Mütter ausmachen, die zusammen mit ihren Kindern kamen. Über diese Besonderheit von Talisman wird viel gesprochen und gestritten, darin liegen positive sowie negative Seiten, aber es ist so. Es ist eine schwere und ziemlich spezifische Arbeit mit den Kindern, welche die Spezialisten (Defektologen) nicht leisten wollen, da vieles in dieser Arbeit dem nicht entspricht, was man an der Hochschule studiert hat. Dazu kommt der niedrige Arbeitslohn, das erfahren vor allem die, welche im „Talisman" als Fachkräfte arbeiten könnten.

Für Mütter, die ihre Kinder ins Zentrum gebracht haben, treten alle diese Schwierigkeiten in den Hintergrund. Das Hauptmotiv ist: „Talisman" soll bestehen, damit mein Kind einen Platz hat, wo es aufgenommen wird. Die Schwierigkeiten der Arbeit, der nicht besonders hohe Arbeitslohn - alles wird akzeptiert wegen des Kindes. Von vielen Gesichtspunkten aus sind sich die Geschichten der Eingliederung von neuen Mitarbeitern in die Talisman-Schule ähnlich. Manchmal finden die Mütter, die ihr Kind zum Talisman bringen, in der Atmosphäre und der Tätigkeit etwas ihren tiefsten Bedürfnissen Nahes. Sie bleiben zuerst einfach als freiwillige Helfer in der Küche, in den Klassen, im Haushalt. Erproben sie ihre Kräfte als Helfer in der Klasse, empfinden sie sich in der engeren Spezialisierung als Lehrerin oder Meisterin heimisch. Über kurz oder lang treten fast alle Mitarbeiter in das Heilpädagogische Seminar „Maria" ein und studieren die Grundlagen und Feinheiten der Heilpädagogik. So war mein eigener Weg und der Weg von *Julia Massaltseva, Elena Elizarjeva, Larissa Belejeva, Olga Krasovskaja, Elena Blinova, Natalja Kulakova.*

Im Schicksal gab es diese Wende - das Leben fing von neuem an. Für jeden konkreten Fall ist es individuell, aber für alle diese Frauen wurde „Talisman" zur Rettung.

Eine neue Welt und neue Horizonte öffneten sich, Wände der Einsamkeit und Nutzlosigkeit zerbrachen. Das Leben erfüllte sich mit Tätigkeit und neuen vielseitigen Aufgaben. Es wurde interessant und vollwertig.

Wahrscheinlich wäre es interessant, hier von konkreten Frauenschicksalen zu berichten.

Eine der Gründerinnen von „Talisman" ist *Tatjana Gerasimova.* Kostja, ihr 1980 geborener Sohn, führte seine Eltern durch den ganzen Kreis des Leidens: Krankenhäuser, Untersuchungen, Urteil.

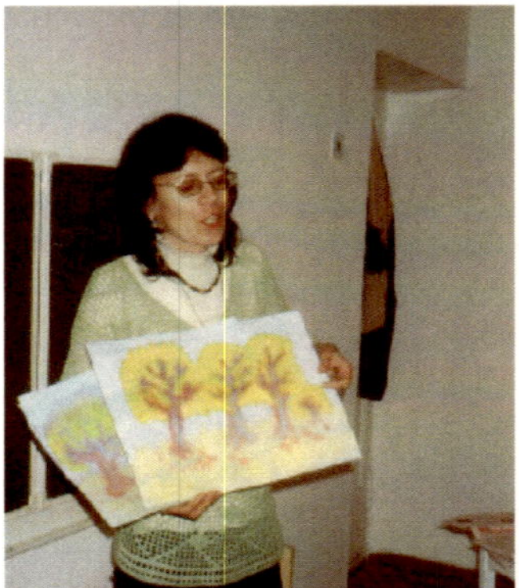

Tatjana, eine talentvolle Absolventin der architektonischen Fakultät, blieb zu Hause. In ihrem Arbeitsbuch gibt es eine bittere Eintragung: Heimarbeit. Tatjana nähte Hausschuhe und klagte nicht.

(Bild: Tatjana Gerasimowa, Mallehrerin im Klassenunterricht.)

Der Mann, der weise, liebende und ergebene Georgi, hat die Situation mutig akzeptiert, er blieb Stütze der Familie, liebender Mann und Vater. Aber die Bitternis ging nicht weg. Das Leben änderte sich, als Tatjana zusammen mit Gleichgesinnten für die Gründung von „Talisman" zu arbeiten begann. Tatjana übernahm verschiedene Funktionen. Sie zeigte sich als talentvolle, tiefe, feinfühlige Pädagogin mit ausgezeichneter Intuition. Viele Jahre hat sie als Klassenlehrerin gearbeitet. Tiefe Einsicht in die Individualität des Kindes, die Fähigkeit, seine Bedürfnisse und sein Potential zu verstehen, den Kontakt mit ihm herzustellen, sind ihre beruflichen Qualitäten. Es ist jener seltene und erwünschte Fall, wenn die Theorie der Heilpädagogik nicht nur Theorie bleibt, sondern wirklich den ganzen Prozess leitet.

Die Einsicht in das pädagogische Gesetz wird bestimmend beim Aufbau der Wechselbeziehungen mit den Schülern. Die riesige Arbeit an sich selbst, die ständige Kontrolle des inneren und äußeren Gleichgewichts - *Tatjana Gerasimowa* beeinflusst erziehend durch ihre ganze Persönlichkeit nicht nur die Kinder, sondern auch alle Mitarbeiter. Sie ist eine führende Pädagogin der Schule, leitet die Arbeit der pädagogischen Gruppen und betreut die Anfänger in Talisman.

Seit es Talisman gibt, arbeitet Tatjana in der leitenden Gruppe. Sie pflegt einen ganz besonderen Arbeitsbereich. Tatjana hat Talente für die Kunst, seit Beginn von Talisman unterrichtet sie Malen. Malen mit Aquarellfarben in verschiedenen Techniken, Grafik, Gravuren. Das macht Tatjana sowohl mit den Kindern, als auch den Mitarbeitenden.

(Bild: Tatjana Gerasimowa, Mallehrerin im Klassenunterricht.)

Man kann sagen, dass die Organisation ihren höchsten Stolz in die Malerei setzt. „Das geplante Wunder“ - so haben wir einen Artikel über Tatjanas Stunden für die Web-Seite genannt. Während der Seminare, wenn wir unsere Erfahrungen teilen, hören wir immer die entzückten Äußerungen darüber, was die Leute während dieser Beschäftigungen erleben. 2004 konnten aus den Aquarellarbeiten, die während der Malstunden von den Zöglingen geschaffen wurden, zwei illustrierte Bildbände zusammengestellt werden. Ein für Russland einzigartiger Fall: Bildbände mit den Bildern der behinderten intelligenzgeschädigten Kinder und dies in einer Auflage von 2500 Exemplaren! Der eine Band ist ein Weihnachtsmärchen „Wanjas erstaunliche Abenteuer im Winterwald“, der zweite enthält Illustrationen zu den Gedichten von russischen Dichtern. Die Geldmittel für die Ausgabe der Bände kamen von der britischen Stiftung „Charity Foundation", als Gewinn in einem Wettbewerb für Kulturprojekte. Es sei bemerkt, dass es das einzige unterstützte Projekt auf dem Territorium des ganzen Irkutsker Gebietes in diesem Wettbewerb war.

Larissa Beleewa. Die schwer kranke Ninotschka wurde geboren, als Larissa 19 Jahre alt war. An die erhaltene Ausbildung - Näherin - erinnerten nur die Unterlagen, Papiere im Schrankkasten. Von Arbeiten konnte nicht die Rede sein. Nina, ein kompliziertes hyperkinetisches Mädchen mit ernsten Verhaltensstörungen, nahm alle Zeit und Kraft in Anspruch. Zum Talisman kamen beide 1999. Die Mutter war für alles bereit, für jede Hilfe und Teilnahme, wenn nur Nina das Zentrum besuchen durfte. Es war nicht so einfach. „Talisman" befindet sich weit von ihrem Haus. Mit Nina im Transport zu fahren ist eine tägliche Prüfung, weil sich Nina sehr unruhig benimmt. Sie schreit, schaukelt und wenn es keine freien Plätze gibt, jagt sie jemanden von den Sitzenden weg. Dazu kann sie Interesse für fremde Sachen und Taschen zeigen. Oft musste das Mädchen unterwegs erbrechen. Aus welchen Kräften Larissa das alles ertrug, ist schier unbegreiflich, aber Nina besucht Talisman nun schon im zehnten Jahr und ist stabil. Larissa hat in dieser Zeit ihren eigenen Weg durchgemacht, und es ist ein bewundernswerter!

Larissas erste Arbeitsposition im „Talisman" war Köchin. Im Jahre 2000 fehlte ein Koch und man schlug Larissa diese Arbeit vor. Larissa hat sich inzwischen als fleißige und zuverlässige Person gezeigt. Mit dem Kochen ist sie ausgezeichnet zurechtgekommen. Die Mitarbeiter haben ihre Qualitäten - Sorgfalt, Feingefühl, Pünktlichkeit und Bescheidenheit – immer hoch geschätzt. 2001 gab es ein Problem: Man brauchte einen Helfer in der 4. Klasse. Der Vorschlag, sich in der Rolle des Helfers zu versuchen, kam für Larissa unerwartet. Der Beruf der Näherin zeigte keinen Weg in die Pädagogik. Elena Anatoljevna führte damals die Klasse, ihr kam der Gedanke, dass Larissa mit ihrer Verbindlichkeit und Bescheidenheit, mit ihrem ausgeglichenen Charakter eine sehr gute Helferin sein könnte.

E. A.: „Ich verhalte mich ziemlich behutsam gegenüber der Arbeit des Heilpädagogen, und wenn man einen neuen Menschen als Helfer nehmen will, dann belade ich ihn nicht mit überflüssigen Theorien. Wenn das Interesse da ist, helfe ich, beantworte Fragen. Wenn ich sehe, dass der Mensch nicht bereit ist, die Idee „zu verdauen", füttere ich ihn nicht mit Gewalt. Und für mich war es einfach ein Fest der Seele, als Larissa nach einer Woche der gemeinsamen Arbeit ganz freiwillig, aus innerem Interesse um das erste Buch bat. Es war die methodisch-didaktische Arbeit von R. Steiner, und die nachfolgende Diskussion hat gezeigt, dass das Thema für Larissa interessant und die Ideen attraktiv sind." Weiter ist das geschehen, was Peter Marti „das Talisman-Wunder" genannt hat. Larissa hat die Klasse als Lehrerin übernommen, hat sich intensiv und tief in die Arbeit und die neuen Aufgaben eingelebt, und bald öffnete sich in ihr ein solches Potential, welches niemand von dieser bescheidenen Frau erwartet hätte: Larissa wurde eine ausgezeichnete Lehrerin! Ihre Stunden sind interessant, sie ist ein schöpferischer Mensch. Die schönen rhythmischen Teile, die Poesie, für die sie sehr feinen Geschmack und Gefühl in sich entdeckt hat. Sie malt ausgezeichnet, spielt Flöte und hat sich verschiedene Arten der Handarbeit angeeignet. Ein besonderes Talent hat sie für das Filzen. Aber große Klasse ist sie in der Vorbereitung der Aufführungen. Die wunderbaren Vorstellungen, dem Inhalt nach interessant, schön inszeniert, die Rolle für jedes Kind seiner Individualität entsprechend ausgewählt: Man kann sagen, dass die Meisterwerke einander folgen!

Larissa beendet in diesem Jahr das Heilpädagogische Seminar, gleichzeitig besucht sie das dritte Jahr des Seminars für Chirophonetik in Sankt Petersburg, und noch ein sehr wichtiges Ereignis: In diesem Jahr wurde Larissa in die staatliche pädagogische Universität immatrikuliert, um an der Fakultät für spezielle Pädagogik zu studieren. Für die Zukunft von „Talisman" ist es sehr wichtig, dass die Mitarbeitenden nicht nur die Ausbildung am Seminar bekommen, sondern auch das staatliche Diplom haben. So ist die Geschichte, wie die Leute in der Talisman-Atmosphäre ihre Talente zeigen, sich verwirklichen und ihre Begabungen in die Gemeinschaft einbringen.

Olga Krasovskaja war ihrem Beruf nach Technologin der Stahlbetonerzeugnisse. Der Weg ihres Sohnes Vladik bei „Talisman" war sehr kompliziert. Die Mutter, eine sehr verantwortungsbewusste Person in ihrer mütterlichen Mission, ergriff alle möglichen zur Verfügung stehenden Maßnahmen für Vladiks Rehabilitation: Besuch des Psychologen, Behandlungskuren, die hartnäckigen Versuche, dem Kind Lesen und Schreiben zu Hause beizubringen. Olga wollte die Hoffnung so lange nicht aufgeben, für das Kind die Erlaubnis zu bekommen, in der staatlichen Schule zu lernen, bis die Erfolglosigkeit des Kampfes gegen den kompromisslosen Beschluss der medizinisch-pädagogischen Kommission offensichtlich wurde. Eine Weile besuchte Vladik die Talisman-Schule, später gab es einen langen Unterbruch, und 2004 kehrte der Junge in seine Klasse zurück, worüber er sehr glücklich war. Die Mutter hat verstanden, dass es die einzige reale Möglichkeit für Vladiks Lernen war. Zu dieser Zeit war die Stelle eines Lehrerhelfers im Talisman vakant, und man hat Olga diese Arbeit vorgeschlagen. So fing der Weg der Mutter und des Sohnes beim Talisman an. In den vergangenen Jahren ist der Weg, den die Mutter in ihrer Entwicklung zurücklegte (mehr im Seeleninnern), sehr bedeutend. Olga gehört zu den Leuten, die sich nicht so leicht von einer Idee begeistern lassen. Sie geht alles kritisch an und nimmt nicht alles auf Treu und Glauben hin. Aber wenn die „Wahl“ stattgefunden ist, so ist sie sehr ernst angenommen. Olga besucht auch das Heilpädagogische Seminar, studiert dort sehr fleißig, und arbeitet hartnäckig an ihrer beruflichen Entwicklung. In den vergangenen Jahren hat sich viel in ihrer Lebensposition geändert, die Werte haben sich gewandelt.

Zum Beispiel: Im ersten Jahr des Aufenthaltes in Talisman war für sie die Ordentlichkeit in Vladiks Kleidung sehr wichtig. Während der Spaziergänge rückte sie ihm den Schal zurecht, streifte seine Kleidung ab, wenn sie schmutzig war und mahnte ihn immer, dass er schön sauber sein solle. Jetzt erinnert sie sich daran mit aufrichtigen Erstaunen: „Wie konnte ich so großen Wert auf solche Kleinigkeiten legen!“ Wahrscheinlich kommen in ihre Klasse nicht zufällig die Kinder, deren Mütter sich genauso benehmen, doch jetzt arbeitet Olga mit ihnen anhand der persönlichen Erfahrung. Die übermäßige Sorge der Eltern trifft sie ins Innerste, und sie arbeitet mit Leidenschaft in dieser Richtung. Das Leben von Olga und Vladik im Talisman hat, außer der pädagogischen Arbeit der Mutter und der Ausbildung des Sohnes, noch eine andere Seite.

Olga erzieht zwei Kinder alleine und bekommt keine Unterstützung vom ehemaligen Mann. Zur Zeit des Eintritts in die Talisman-Schule im Jahre 2001, war die Finanzsituation einfach kritisch, die Familie musste irgendwie überleben.

(Bild: Valentina Livindina, Leiterin der Dorfgemeinschaft Istok, strahlt.)

Der ältere Sohn, Andrej, 14 Jahre alt, ging als Hausmeister arbeiten, und Olga und Vladik halfen ihm. Im Winter schaufelten sie alle zusammen Schnee. Außerdem hat sich Olga entschieden, im Talisman Wächterin und Heizerin zu werden. Es ist eine so ganz und gar nicht weibliche Arbeit. Bei den sibirischen Frösten (die Temperatur kann bis -40°C sinken) muss man um sechs Uhr Morgens aufstehen und drei Öfen beheizen, später acht Stunden mit den Kindern arbeiten und am Abend wieder die Öfen beheizen.

Wenn die übrigen Mitarbeiter nach Hause gingen und es draußen dunkelte, zog Olga, die kleine zarte Frau mit den schönen Händen, die

Arbeiterkleidung an und ging in den Hof, um Brennholz zu hacken. Vladik arbeitet immer zusammen mit der Mutter. Das dauert nun schon sieben Jahre. Vladik ist inzwischen groß geworden, er arbeitet wie ein erwachsener Mann. Er hackt Brennholz, trägt es zu den Öfen, entfernt Schnee, fegt den Hof aus. Er ist erstaunlich selbständig und unverwöhnt aufgewachsen. Der Junge verdient hohe Achtung für seinen Fleiß und seine Bescheidenheit.

2004 kam *Natalja Kulakova* mit ihrem Sohn Volodja in die Talisman-Schule. Der Junge war 12 Jahre alt, wie die anderen Kinder hatte er früher keine Lehranstalt besucht.

Die besondere Schwierigkeit dieser Familie bestand darin, dass sie nicht in Irkutsk lebte, sondern in einem kleinen Städtchen Usolje-Sibirskoje, 80 Kilometer von Irkutsk entfernt. Man kann sich nur vorstellen, was es für die Mutter bedeutete, folgenden Entschluss zu treffen: Jeden Tag das Kind anderthalb Stunden mit dem Vorortszug in die Schule zu fahren, dazu kam noch der Weg vom Bahnhof zum Talisman. Sie mussten um fünf Uhr morgens aufstehen. Besonders schwer war es, im Winter in den eiskalten Waggons zu fahren. Aber Natalja hatte sich zu diesem Leben entschieden. Mit der Zeit häufte sich Müdigkeit an, und Mutter und Sohn richteten sich hier, im Talisman, in dem kleinen Zimmer für Massage ein. Natalja hat sich im Laufe von vier Jahren als eine besondere Persönlichkeit gezeigt. Sie ist sehr energisch, aktiv, und unglaublich arbeitsfreudig. Sie ist ausgezeichnet selbstorganisiert und rational, kann eine beliebige Arbeit erfüllen, auch wenn diese üblicherweise nicht von weiblicher Art ist, sie macht sie. Wenn die Situation im Talisman sehr problematisch aussieht, und wir uns den Kopf zerbrechen, wo wir den Meister kriegen - Natalja übernimmt diese Arbeit und erfüllt sie. Die Kachelplatten zu ersetzen, den Ofen auszubessern, die Wände mit Brettern zu beschlagen oder die Wand zu verputzen- man kann einfach nicht glauben, dass eine Frau das alles machen kann!

Nicht zufällig hat sich Natalja nach zwei Jahren Arbeit als Lehrerhelferin für die Arbeit des Meisters in der Holzwerkstatt entschieden. Sie beherrscht die Arbeit mit dem Elektrowerkzeug, sie hat gelernt, wunderbare Erzeugnisse zu machen und bezieht die Kinder in diese Arbeit mit ein. Sie ist beharrlich und zielstrebig. In diesem Jahr hospitierte Natalja in den heilpädagogischen Einrichtungen und sozialen Siedlungen der Schweiz.

Man kann vieles über jede Mitarbeiterin von Talisman erzählen, weil jede dieser Frauen bewundernswert ist. Es ist vollkommen klar. Die schwere Arbeit, der niedrige Lohn werden zu einer Art von Filter: Bei uns arbeiten nur starke, hingabewillige und gute Menschen.

Ich begann meine Erzählung damit, wie uns Sohn Igor zum „Talisman“ gebracht hat. Ich habe ihn gebracht, und er hat mich gebracht.

Vielleicht ist es für den Leser interessant, wie es mit Igor heute steht. Wie gestaltete sich sein Leben in Talisman? Man kann ruhig sagen: ausgezeichnet! An Igors Beispiel ist gut sichtbar, über welche Kraft die Heilpädagogik verfügt. Alles, was mit ihm geschah, war für mich unerwartet.

Er machte immer viel mehr, als ich von ihm erhoffen durfte. Er wurde ein mustergültiger Schüler, der auf der Schulbank sitzt und im Heft arbeitet. Er hat lesen und schreiben gelernt. Er hat malen gelernt und seine natürliche Gabe für das Plastizieren hat sich gut entwickelt. Er hat gelernt, mit Holz zu arbeiten, und seine Erzeugnisse rufen aufrichtiges Erstaunen hervor. Er ist ein ernster und gut erzogener junger Mann geworden, der Ordnung und Disziplin versteht. Jetzt ist er schon 17 Jahre alt, und er beginnt eine neue Seite in seinem Leben zu kennen – er versucht, im Dorf „Istok" zu leben. Die Mitarbeiter sind mit ihm zufrieden: Er melkt Kühe, reinigt den Stall, arbeitet in der Holzwerkstatt und ist sehr selbständig. In diesem Winter verwirklichte er sein einstiges Projekt: Den großen Eisturm zu bauen, um auf ihm „wie Lenin" zu stehen! Aus irgendeinem Grunde war er von diesem Bild seit der Kindheit beeindruckt, und nun hat er seinen Traum verwirklicht!

Natürlich, haben bei weitem nicht alle Mütter den Beschluss gefasst, im „Talisman" zu arbeiten. Und auch das ist sehr gut. Die Leute haben wieder die Möglichkeit, in ihrem Beruf zu arbeiten, und sie sind mit Freude zum normalen Leben zurückgekehrt. Das alles dadurch, dass sich ihr Kind im „Talisman" befindet.

Ausblick.

(Peter Marti)

Im ganzen Geschehen um Talisman und Istok und auch den anderen Initiativen kommt mir oft ein Gedanke in den Sinn: Auch Dank der Unterstützung aus dem Westen konnten sich die Initiativen entwickeln. Auf der anderen Seite habe ich auch das Gefühl, dass hier etwas Neues entsteht – aus einem ganz anderen Umfeld heraus als im Westen. Es zeigt auch, dass mit bescheidenen Mitteln viel erreicht werden kann. Was vom Westen kam, kann in einer veränderten Form, als neuer Impuls, dem Westen wieder zugute kommen.

Wer steckt im Westen noch hinter dieser Arbeit? Unsere Gruppe zählt sechs aktive Mitglieder, weitere kommen sporadisch dazu. Da ist Stefan Bohl, Heilpädagoge in Freiburg, Jörg Göttlicher in Karlsruhe, Wissenschaftler, Ralf Hellbart in Unterlengenhardt, er pflegt unsere Webseiten im Internet, Hans Gammeter, Sozialtherapeut aus der Schweiz, Gerhard Jaschok, Heilpädagoge in Dornach. Über mich, Peter Marti, haben Sie inzwischen einiges erfahren. Nur eine aktive und wirkungsvolle Zusammenarbeit in diesem Gremium ermöglicht den Einsatz in Sibirien. Noch weitere Menschen und Institutionen müssten erwähnt werden. Menschen, welche die Arbeit begleiten, unterstützen, Institutionen, welche seit Jahren das gemeinsame Wirken ermöglichen.

Im Übrigen suchen wir Menschen, welche aktiv mitwirken möchten. Frauen wären in unserem Männergremium eine wünschenswerte Ergänzung. Besuchen Sie uns in Sibirien! Wie Sie erfahren konnten, sind wir im Bereiche der Organisation von Reisen nicht ungewohnt. Wir beraten Sie gerne und sind Ihnen behilflich.

Was nun? Wo stehen wir nach 15 Jahren gemeinsamer Tätigkeit? Persönlich habe ich inzwischen das 74. Altersjahr erreicht. Ein bewegtes Leben, welches die Zeit rasant vorbeiziehen lässt. Spannend, herausfordernd. Ich bin dankbar für diese Lebenserfahrung. Über den Stand der Arbeit möchte ich andere zu Worte kommen lassen. Im Jahresbericht kommen immer Leute von Talisman und Istok mit ihren lebhaften Beiträgen zum Zug. Falls Sie in unserem Adressverzeichnis aufgenommen werden möchten, melden sie sich bitte. Wir senden Ihnen gerne einen Jahresbericht zu.

In Zusammenarbeit mit zwei Stiftungen, begleite ich weitere Initiativen und Projekte, die gerade aktuell sind. Diese Tätigkeit geht über Talisman und Istok hinaus – eine Folge der Zeit. Erwähnen möchte ich Talovka bei Ulan Ude. Hier ist durch Talisman die Heilpädagogische Schule Raduga (Regenbogen) und eine Dorfgemeinschaft entstanden. Eine bewundernswerte Arbeitsgemeinschaft. Ferner sind Bakanaj und Nikolsk, zwei Außenstationen einer grossen staatlichen Einrichtung zu erwähnen. Hier treten wir aus dem üblichen Wirkungskreis heraus. Auch die Initiative in Kudareika, die Familie Tuschilin mit ihrer biodynamischen Landwirtschaft, möchte ich hier aufführen. Zaretschnaja, das andere Dorf „Am Fluss" mit dem jungen Leiterehepaar Tatjana und Viktor gehört auch in den erweiterten Wirkungskreis. Und ebenfalls nicht unerwähnt bleiben darf natürlich das Seminar „Zentrum Maria" mit seiner zentralen Aufgabe im ganzen Geschehen.

Ihnen, liebe Leserin, lieber Leser, möchte ich herzlich danken für Ihr Interesse an unserer Arbeit in Sibirien!

Eine einsame Birke auf der Insel der Jugend in Irkutsk, dem Wind und Wetter ausgesetzt - Peter Marti besucht diese Birke oft. Eine ganz besondere Stimmung, wenn es stürmt und schneit - ein Ort der Kraft.

Kontaktadressen:
Herausgeber, Peter Marti: peter.marti@ch.inter.net
Verlag, Fritz Frey: info@infoluecke-verlag.com